R U N
FORWARD

RUN
FORWARD

國際馬拉松冠軍專業分享，
帶你跑出不一樣的人生

從零開始
跑出自我

RUN
FORWARD

吳敏、劉新 著

推薦序

這不僅僅是一本關於跑步的書

　　吳敏和她在上海訓練營的弟子劉新一起編寫的這本跑步書，還真的不能僅僅當作一本簡單的跑步書來看。在這本書中我們能看到一群對跑步熱愛與執著的人，他們分享著跑步帶來的苦與樂，而吳敏更以親身經歷講述著一個跑步改變人生的故事。

　　現在跑步已經成了都市新寵，無論是明星大腕，還是普通百姓，他們都在跑步。很多已經開始跑步的人，說不定從未想過跑步這項看似枯燥無趣甚至感覺有些殘酷的運動，有一天也會與自己有關聯；但是，跑步並不是穿上一雙高級跑鞋、邁開雙腳奔向遠方那麼簡單。特別是當我們從 1 公里開始，直到能夠跑完 42.195 公里的全程馬拉松時，跑步就已經成了一個拚搏奮鬥的歷程。其實，跑步骨子裡的那種倔強和頑強，就跟漫漫人生路上的自強不息一樣，著名的馬拉松冠軍安比・波爾富（Amby Burfoot）就曾說過：「只要堅持下去，無論跑步還是人生，都沒有所謂的失敗。」

　　作為一個長跑馬拉松的教練，多年來我一直在推廣大眾化的馬拉松運動。可喜的是我的很多弟子也全身心地投入跑步文化的推廣普及，吳敏就是其中之一。作為曾經的專業運動員，她在開辦跑步訓練營的過程中，最主要的理念是健康快樂跑，而不是速度和成績。大眾化的跑步運動，特別是馬拉松比賽，絕大部分跑友沒有接受過有系統的跑步訓練，無論是心肺能力還是身體力量都要逐步地重新適應。對於想通過跑步來磨礪個人素質的初跑者來說，首先要明白，跑步是循序漸進的運動，不能光有熱情，還要有理性。

整體來說，吳敏編寫的這本書很適合初級跑友以及馬拉松愛好者參考，除了必要的跑步知識外，其中還詳細介紹了 5 公里、10 公里、半程馬拉松和全程馬拉松的訓練過程。吳敏特意選擇了她在上海訓練營的弟子劉新一起編寫，也是有深刻用意的。一位獲得過馬拉松冠軍的專業運動員，一位 44 歲開始跑步，一年後全馬跑進 3 小時 45 分的初跑者，專業的跑步經驗和初跑者的一步步體會，再加上訓練營裡以及身邊很多跑友的不同體驗，使這本書在跑步指導的深淺層次上拿捏有度。

　　跑步很簡單，但堅持下去很難。從零開始，堅持跑步，時間長了就會有價值。真誠地祝福跑友們能夠一起健康快樂地奔跑，跑出精彩，跑贏人生！

陶紹明

2016 年 1 月

CONTENTS

人生甘苦，跑者自知
RUN FOR YOUR LIFE

人們開始跑步時理由會各種各樣，
但最終堅持跑下去的理由只有一個——找尋自己！

——喬治·希恩

跑步是我生命中的一件大事，然而最初的選擇卻很被動無奈。

那年我還在讀小學四年級，學校運動會上的 400 公尺和 800 公尺這兩個項目，對於小學生來說算是令人生畏的超級長距離了。班上沒有人報名，只有我硬著頭皮報了這兩個無人問津的項目。加上 4×100 公尺的接力賽，我一共參加了 3 個跑步項目。那一次，我拿了 3 個第一名。校運會結束之後，我開始跟著中學的體育隊參加跑步訓練，慢慢地跑步就成了我生活中的一部分！

在 12 歲那年，我懷揣夢想離開父母溫暖的懷抱，踏入了泰安體育學校（編按：中國山東省泰安市的體育專業學校）的大門，一切都是那麼的新鮮，心中充滿著對未來生活的激情與熱愛！那時的我雖然年齡很小，但是我有一個夢想，就是要像王軍霞①姐姐一樣披著國旗奔跑在全世界人們的面前！

我開始默默地努力、追趕、超越！堅持每天比別人早起 15 分鐘，別人 5 點鐘起床的時候我已經在訓練場上做準備活動了。我一直不停地追逐著心中的夢想，一點點發掘自己的潛力。我要抓住生命中最重要的一天，就是今天！今天是我擁有的唯一財富，無論昨天多麼值得回憶和懷念，它都像鐵達尼號（Titanic）一樣沉入海底，無論明天多麼輝煌它都還沒有到來。雖然在體校有時也會受到隊友的嫉妒和排擠，但是我知道，既然懷著夢想來到這裡，就必須吃得苦中苦，要付出加倍的努力，才可以向著我的目標一步一步邁進。

每天刻苦的訓練對我來說也是一種享受，因為能在跑道上奔跑是最快樂的事，成績每提高一秒，我都會興奮不已。我的每一天都享受著與時間賽跑的樂趣！我愛上了那種忘我的訓練。

隨著年齡的增長，每天的訓練時間和訓練量也在增加，腳上經常磨出很多水泡，腳趾甲也經常被擠壓掉。上強度課時，要穿釘鞋快速重複地衝跑段落，例如給個固定時間衝刺 8 個 1000 公尺，或者 6 個 2000 公尺，每一個都必須在規定的時間內完成，如果慢了就要按照沒完成任務的數量重新補上一遍。全

---

①王軍霞為原中國女子田徑隊隊員。曾在1996年美國亞特蘭大奧運會上，以14'59"88的成績獲得女子5000公尺金牌，成為中國首位獲得奧運會長跑金牌的運動員，被譽為「東方神鹿」。

這是第一次跟師哥師姐們參加比賽時留下的合影，至今記憶猶新。

小學五年級的時候，我以業餘選手的身份參加跑步比賽，有幸獲得了人生第一個冠軍。

力以赴的衝擊，經常會把腳趾甲整個掀起來，因為年齡太小不懂及時清理，進到傷口裡的爐渣，很快會導致感染。

記得那天下著雨，沒有父母陪伴，13 歲的我一個人撐著傘一瘸一拐去了泰安市中心醫院接受治療。醫生驚訝地問我為何一個人來，如果再晚一點就要面臨被截肢的危險，因為我從來都是對家人報喜不報憂，根本沒有告訴父母，一切自己承擔和解決。

冬天是我最難熬的日子，因為我容易生凍瘡。但當我身穿短褲奔跑在雪地裡的時候，我能想到的就只有我的目標，我的夢想，完全沒有理會寒冷。很多人穿著長衣長褲訓練，只有我不是，在別人眼裡我或許很傻，我只能說，追求不一樣的目標，行為肯定會有區別。穿長衣長褲 3000 公尺能跑 12 分鐘，但穿短衣短褲 3000 公尺或許就能跑 11 分 50 秒，這就是我的追求！

從省體工隊跑到國家隊

1997 年我參加了在山東濰坊舉辦的「希望杯」田徑錦標賽。這是我第一次參加省級比賽。比賽結束後，我引起了省體校教練的關注，之後進入了夢想的省體校訓練。因為成績突出，在省體校中專還沒畢業，就於千禧之年步入了體工隊的大門，成為一名真正的職業運動員！

一個長跑運動員，每天早上一睜眼面對的第一件事情就是訓練。每天早上 4 點 30 分起床，每天跑 30 公里！別人都有週末，我們沒有！長跑這個項目就是要每天堅持，不能間斷，才能穩定心肺功能跟身體機能，所以我們習慣了沒有週末的日子，訓練已變成生活的全部。

一週裡只有週日下午可以自由活動，而我只想睡覺。女孩們沒有過多的體力去逛街。因為週一，也就是第二天，又會重複開始一週的訓練內容！

我們也沒有春節，當所有的人都其樂融融在家團聚的時候，我們依然奔跑在跑道上！大年三十（編按：除夕）那天，教練會讓我們選擇跑 18 公里或者 16 公里。18 是發！16 是順！所有的隊員全部選擇了 18 公里。大年初一完成訓練後，晚上隊裡熱熱鬧鬧地聚餐，忘卻上一年的辛酸苦痛，重新開始奔跑！

雖然在省體校的時間不長，但也是一段汗水與榮譽交織的難忘歲月。圖中的我正在參加省跑步比賽。

這是參加中國全國田徑錦標賽的比賽現場，在我身後的544號就是2004年的雅典奧運女子10000公尺冠軍邢慧娜。

2002 年省運會之後，我放棄了國家長跑隊的召集，選擇了八一隊（編按：全稱為中國人民解放軍軍事體育運動大隊）的現代五項這個貴族項目。現代五項包括騎馬、擊劍、游泳、射擊、長跑 5 個子項，這 5 個項目的總積分決定著整個比賽的最終成績。可惜我一直對游泳有天生的畏懼，始終進步不大。

後來我選擇重新回到跑道，但因為傷病的折磨，訓練成績一直不理想，上大學成了我的最好選擇。在清華、復旦和同濟 3 所大學中，我選擇了同濟大學。作為體育特招生，1500 公尺的體育考試我跑出了 4 分 25 秒，順利通過。體育特招生的大學生活，除了上好文化課，在體育方面為學校爭光也是我們的光榮使命。在 2003 年的上海市大學生運動會上，我獲得了 1500 公尺和 3000 公尺冠軍；而在 2004 年的全國大學生運動會上，我獲得了 1500 公尺和 3000 公尺亞軍。

因為訓練拚得太兇，2005 年的全國大學生運動會，我完敗於自己的傷病。2005 年年底國家隊為備戰 2008 年奧運會組織集訓，我不想再失去這個機會，再次奔赴北京，在先農壇體育場進行了半年多的恢復訓練。後來跟隨國家隊在內蒙古武川基地訓練時，由於停歇訓練太久，體力恢復階段舊傷一直反覆，結果把膝蓋損傷了。

超出常規的投入與苦練，幫助我順利步入省隊甚至國家集訓隊，但也不可避免地對我的身體造成了損傷。面對反反覆覆的傷病折磨，2007 年我含淚提前結束了自己的職業運動生涯。

創辦健康跑特訓營

儘管長期的專業訓練異常艱苦，儘管我未能登上競技體育的「塔尖」，但直到現在，我也一點都不後悔踏上跑道。跑步帶給我的一切，是任何事情都無法帶給我的。具體地說，跑步賦予了我吃苦耐勞的精神，培養了我堅韌頑強的意志力。

人生不會總是一切順利的，有時你付出了也不一定會有回報，但是積極的心態決不能丟，一旦站不起來就只能永遠停留在失敗的原地。

退役後，我與很多專業隊的運動員一樣，陷入了對於未來的迷茫。轉型，是不得不直面的現實。雖然嘗試了各種與體育截然不同的職業，但是我卻從來沒有忘記自己熱愛的跑步事業。從 12 歲穿上跑鞋開始隨風奔跑起，跑步就在我的人生軌跡裡留下了深深的足跡。在一天的辛勤工作之餘，關注各大馬拉松賽事幾乎成了我心靈唯一的寄託。

近年的馬拉松比賽報導中，經常有跑者在跑道上猝死的消息，對此我感到非常悲痛和惋惜。我深深地知道，這種猝死大多是因為平時沒有參加過系統訓練導致的，如果這些跑友能有一個健康跑步的訓練平台，能獲得一個傳播健康跑步知識的管道，這些不幸是完全可以避免的。身為一個有十餘年跑步經驗的專業跑者，我經常問自己，可以做些什麼來幫助這些跑友們遠離傷病、避免悲劇呢？

我想透過某種方式，對業餘跑者展開科學的指導，針對他們的不同要求、目標和實際情況，教給他們正確的跑步方法和原則。

剛開始我嘗試用 QQ、微博（編按：中國的通訊軟體及微型部落格）來向跑友們傳播跑步的專業知識。但是跑步指導確實是一個需要言傳身授的技術，僅僅靠微博上的文字和插圖，或者電話還是遠遠不夠的。看到跑友們對於跑步指導的迫切需求，我「逼」自己辦起了健康跑特訓營。本以為能來三五個人就不錯了，後來發現報名的人很多，甚至有參加者從外地專程飛過來上課，當時在中國掀起了一陣跑步訓練營的熱潮。

我們為什麼跑步？

跑步是所有運動中最簡單、最直接的健身方式，大多數人都可以參與，但跑步也需要堅持，才能更好地達到健身效果。當你長期風吹雨打都不變地去做一件事情時，你的意志力一定是非常堅定的。這種意志和持之以恆的信念，就是我心中永不熄滅的火種。

跑步可以帶給人們更多的正能量，如火種般點燃充滿熱情的人生，有價值的人生。而我，也希望作為傳遞這種正能量的火種，讓更多的人參與到跑步運

不論我們都有著怎樣的身分，在跑步的時候，我們每一個人都是一樣的。

動中，讓更多的人了解正確的跑步訓練方法，從而最大程度地避免傷病，健康長久地跑下去。

我 12 歲就進入山東泰安體校開始專業跑步，那是我少年時的人生選擇。現在很多人開始跑步時，已經是人到中年事業有成，甚至兒孫滿堂步入老年。日本著名作家村上春樹開始跑步時，也已經 33 歲。而在我的訓練營裡，40 歲以後開始跑步的大有人在。

跑步圈裡，有很多企業家和高階白領。他們為什麼會愛上這種看上去如此單調乏味的跑步呢？不跑步的人，很難理解揮汗如雨、氣喘吁吁地忘我跑步的人。只有跑過，你才能真正懂得！這些社會上的精英人物，他們用跑步來印證自己的奮鬥，講述超越自我極限的傳奇人生。他們所著眼的不是現在擁有的，而是不斷挖掘著自己未來的潛力。

2014 年北京馬拉松比賽結束後的統計資料很有意思，跑得最快的年齡在 40 ～ 50 歲之間，其次是 30 ～ 40 歲，而 20 ～ 30 歲的跑得最慢。年輕人有太多的青春時光要去揮霍，戀愛、旅遊、夜店等等，當然也包括足球、籃球、網球等運動，但是跑步的人卻少得多。人到中年，有了家庭、事業和財富，卻

不在青青草地揮桿打高爾夫，也不再夜夜笙歌去喝酒，大家都開始跑步了。

每個人都是從青年慢慢到中年的。年輕時有速度有體能，但是有多少人可以忍受長時間奔跑的孤獨煎熬呢？中年跑友人生的精彩背後都有著孤獨和磨難。在跑步裡，特別是馬拉松長跑時，心智會更加成熟，精神會更加強大。

在電影《阿甘正傳》（Forrest Gump）中，阿甘的媽媽有句名言：「生活就像一盒巧克力，你永遠不知道下一顆是什麼味道。」阿甘不停地跑，用腳步印證了他自己的人生哲學。

為什麼開始跑步？每個人有自己的理由。

當我還是專業運動員時，跑步就是為了跑第一、拿冠軍。從小學四年級初上賽場連拿三個第一，到 2001 年國際登泰山錦標賽冠軍、2004 年杭州國際馬拉松冠軍，作為職業運動員的我，追求的就是冠軍。

為了健康，為了減肥，是大多數業餘跑步者最現實的理由。很多人是為了要減去啤酒肚才開始跑步。在北京訓練營裡最勵志的謝哥謝茂剛，50 歲開始跑步，一年多後體重就從 180 斤減到 135 斤，在 2014 年北京馬拉松中跑出了令人驚歎的 PB3:10:22 [2]，風頭一時並駕於著名的萬科集團總經理郁亮，後者在 2014 年上海馬拉松跑出 PB3:18:29。跑步圈裡有很多為了減重的勵志哥，他們身邊很多人被激勵著也開始跑步。

很多跑步的人說，跑步就是為了可以肆無忌憚地吃。我在上海的訓練營開辦到第四期時，學員們居然組織了一個「我吃我喝我快樂跑」的微信群組，這些吃貨在上海灘吃烤全羊、吃小龍蝦、吃川菜湘菜串串香，喝白酒、喝紅酒、喝黃酒、喝崇明島米酒，更有一位美女學員「魔都的潘朵拉」因為跑步還開了一家「蜀簽串串香」作為跑者的聚會點，著實讓我驚奇不已。

有人跑步則是為了愛情。在一些跑步比賽中，能看到攜手跑步的戀人，在終點用玫瑰和婚紗上演著浪漫的愛情故事。2014 年希臘馬拉松，我訓練營裡的一對美女帥哥因為跑步結緣，情定愛琴海，締結了浪漫的跑步愛情故事。

[2]PB是Personal Best的縮寫，意為「個人最佳成績」。PB3:10:22，即個人最佳成績為3小時10分22秒。

跑步可以開啟一個嶄新人生。2014 年紐約馬拉松[3]拍了一組宣傳片，講述一個流浪畫家跑步的故事。曾經頹廢的他因吸毒坐牢，出獄後為了重新生活而開始跑步，矯健地穿梭於城市森林中的他，在奔跑中拾回自信，開啟了嶄新的人生。

記得曾經參加過我的訓練營的一位武漢學員寫下過這樣的文字，如一股清涼的甘泉直至心底：

「人生如讀書，但是書並不完全都是紙張，我們可以讀人，讀風景，讀表情，讀運動，讀自己，讀每一天。如果我們的心不淨也不靜，再好的書也讀不進去，更不能領會其中的妙處，只有安靜下來，人的心靈和感官才真正開放。然而心靜又是強求不來的，它是一種境界，是一種水到渠成的靈動。跑步讓我安靜，跑步讓我執著，跑步讓我頓悟，我在跑步中忘記痛苦，我在跑步中追求幸福。」

鍥而不捨的跑步精神

在 2014 年俄羅斯索契冬季奧運會上，中國主席習近平寄語中國體育健兒時，引用了魯迅《最先與最後》中的一番話，也讓我這個曾經的田徑運動員感慨萬千：「我每看運動會時，常常這樣想：優勝者固然可敬，但那些雖然落後而仍非跑至終點不止的競技者，和見了這樣競技者而肅然不笑的看客，乃正是中國將來的脊樑。」

村上春樹在《當我談跑步時，我談些什麼》中這樣描述自己的跑步感受：「我不厭其煩、鍥而不捨地堅持到了今日，也很願意盡力堅持下去。正是長距離賽跑培養與塑造了現在的我，或多或少，或好或壞。只要可能，我今後也會跟類似的東西一起逐漸老去，送走人生。」

是的，鍥而不捨正是跑步者最值得敬重的精神，現在的跑步者有那麼多的

---

[3]紐約馬拉松創辦於1970年，每年11月初舉行，是目前世界上規模最大的長跑比賽。2014年11月2日，紐約馬拉松吸引了來自世界各地和紐約本土5萬多名跑者參賽，再次刷新了最大馬拉松的紀錄。

商學院優秀學員，那麼多的企業家，那麼多的白領和管理者，他們在工作之餘跑步流汗，在工作、生活中，又有什麼樣的困難能擋住他們呢？有位從事 IT 的朋友說，他的公司要招人，首要條件就是應徵者是否跑過全馬，因為跑過全馬的人都是在痛苦的絕望中堅持到最後的，這正是最重要的工作素質之一。

星巴克董事長霍華德‧舒爾茨（Howard Schultz）有一段語錄，不同的人有不同的理解，在跑友圈裡，卻有著不一般的心靈解讀：

Care more than others think wise,
Dream more than others think practical,
Expect more than others think possible,
Risk more than others think safe.
心之所繫，多至世人以為不智，
夢寐以求，超出世人以為可及，
志在必得，即使世人以為不能，
甘冒風險，何懼世人以為畏途。

開始跑步吧！點燃你心中的夢想！當你第一次參加比賽，跑完 5 公里、10 公里，或者長達 21.0975 公里的半程馬拉松，或者長達 42.195 公里的全程馬拉松，衝過終點線後，抹去臉上流淌的汗水時，你會發現這不僅是鹹鹹的汗水，也有鹹鹹的淚水，不是嗎？

跑步已經是高爾夫之外新的社交圈子，無論出身貴賤，無論職業才華，只要熱愛生活、信念堅毅，就能一起互相陪伴著，一步一步地聚集著正能量，跑過春花秋月。無論跑多快，都是萬水千山；無論跑多慢，也是千山萬水。

每一個跑步的人背後，都有一連串精彩的人生故事，那些生活的磨難，生命的奮鬥，事業的拚搏，都在我們腳下跑過的每一個足跡中。

奔跑吧，朋友，跑贏我們的人生！

chapter 1

穿上跑鞋，出門跑步
PUT ON RUNNING SHOES

奇跡不在於我跑完了，奇跡在於我有勇氣起跑。

——約翰·賓漢

跑步讓你不再孤單

　　業餘跑步，和專業隊的跑步有很大的不同。專業隊員的訓練是封閉式的，早上睜開眼就是跑步；週二、週四和週六的下午進行高強度的 15×1000 公尺或 10×2000 公尺的間歇跑；週日是長距離拉鍊（編按：長距離練習），男隊員 35 公里，女隊員 30 公里。

　　我在山東省體工隊訓練時，對冬天溫暖被窩的那種戀戀不捨，想來業餘跑友也是一樣的。跑步這件事，一個人堅持真的很難。我們可以找出很多的理由不出門跑步：我太累了，工作太忙了，孩子老是纏著我，天好冷，「大姨媽」來了⋯⋯

　　但是，在跑友圈一直有一句神奇的咒語口口相傳：「當你穿上跑鞋的那一刻，最困難的時候已經過去了。」

　　你也許會覺得跑步是一件痛苦的事情，跑上幾百公尺就喘不過氣來，再也不想跑。事實上，跑步這項運動，誰逼你都沒戲，就得自己點燃心中的火，繼續跑下去，當你越跑越愉悅的時候，你想不堅持都難。跑步之所以能帶來愉悅感，是因為跑步會使人產生一種神奇的化學反應，分泌出兩種化學物質——多巴胺和腦內啡。

　　多巴胺負責傳遞亢奮和歡愉的資訊，能增強心肌收縮力，增加血流量。當你跑步覺得痛苦時，分泌的腦內啡就會來輔助你的激情，其效果非常接近於嗎啡，讓你降低焦慮感，體會到一種安逸的、溫暖的、親密的、平靜的感覺，能讓人感到快樂和充滿活力，你運動越多，這感覺就越強烈。

　　如果你下定決心開始跑步，最好加入一個跑步圈。在一個群體裡，你會得到鼓勵、得到幫助，得到信心與成功。我辦特訓營的目的之一，也就是為跑步的人打造一個健康安全跑步的群體，學員們除了可以得到正確的跑步知識外，他們之間還能相互交流跑步心得，分享生活的喜悅，甚至分擔人生的苦痛。跑步，讓你不再孤單！

跑步不一定非要湊熱鬧，一個人跑步的確很自由，而一群人跑步真的很快樂。這是2015年法國巴黎馬拉松的比賽現場，人氣相當火熱。

　　跟著跑得比你快一些的跑友一起跑步，要不了多久，你也可以快人一步。因為在團隊中大夥會督促你上進。在其他人面前，人總是會想要表現得更好，也更願意堅持，更想挑戰高難度訓練，這就是團隊給予個人的力量。當你一早醒來，或者下班後，或者休假時，打開你的跑步微信群組，螢幕上滿滿的信息撲面而來：大師兄繞世紀公園跑了 4 圈 20 公里，兔哥出差北京在奧森公園跑了 10 公里，書生早起在閔體公園跑了 8 公里，謝哥在外師大的操場刷了 50 圈……，看著他們曬跑量、曬跑鞋，曬一路的綠柳紅花還有美女帥哥，你一定

會燃起激情，穿上跑鞋，無論風雨就出門跑步去了。

現在的社交群體不再是一定要面對面聚會。很多有著共同跑步愛好的人，在手機上組建了一個又一個網路社群，比如微信圈。各種跑步軟體，都可以加好友圈，每天都能看到好友的跑步公里數，大家的排名，看看每週、每月和每年總合的里程數。

當你遇上一群跑步的人，特別是一群跑瘋了的人，你想不堅持都很難。跑步的男生陽光帥氣，跑步的女生活潑美麗。跑友間的支持和欣賞會激發你對生活的熱情。在上海的世紀公園、北京的奧林匹克森林公園、廣州的二沙島和大學城、西安的城牆腳下、南京的玄武湖邊……，不同的城市、不同的地方，你都可以找到不一樣的跑步圈。他們穿著各色服裝，舉著各自隊旗，秀著絢爛的跑鞋，呼呼地跑過不同的城市風景。加入他們吧，與隊友一起跑步會讓你感受到人生道路上攜手同行的勇氣和堅定。

在路上，你並不是孤單的跑者。北京奧森公園南北園跑個 8 字形 10 公里，上海世紀公園一圈 5 公里，西安繞城牆 16 公里，南京玄武湖 10 公里，杭州西湖 10 公里等。

任何值得你去的地方，都沒有捷徑，點點滴滴的付出都會為你的明天創造更大的價值。奔跑本身就是對自己的最大獎勵。穿上你喜歡的跑鞋，穿過風，穿過雨，穿過那冬天的冷冽，穿過你的孤單，起步跑起來吧！

穿得精彩，跑得精彩──跑步裝備

從腳型來選擇跑鞋

《天生就會跑》（Born to Run）這本書裡講述了墨西哥銅峽谷裡，塔拉烏馬拉人光腳跑超級馬拉松的傳奇故事。但是對於絕大多數人來說，再也不可能在原野裡赤足自由奔跑，擁有一雙專門的跑鞋還是很有必要的。跑鞋的選擇首要是保護我們自己的腳部和膝蓋。很多跑友有多雙跑鞋，色彩多樣，用於訓練的，用於比賽的，或者就是為了換雙鞋換個更好的心情出門跑步。好的鞋子

就是你的情人，而熱戀中的情人會給你無限的力量。

　　我們面臨著許多種跑鞋品牌的誘惑，像是多威（Do-win）、Newline、BROOKS、MIZUNO、ASICS、New Balance、NIKE、adidas……，太多的跑鞋品牌和型號讓我們真的很難選擇，而如果選錯了鞋子，可能會讓你跑得很糟糕。

　　其實，選跑鞋的基本原則是根據你的腳型來選。我們可以去跑鞋專賣店做足底掃描，也可以把腳底沾水後踩在乾燥地面，根據腳印形狀來判斷自己的腳型，看看你是正常足弓、腳踝向外傾斜的內翻高足弓，還是腳踝向內傾斜的外翻低足弓。

正常腳型

　　足弓高度正常，腳印中段有較大的弧度但是不中斷。如果你跑步時習慣以腳跟著地，向內側滾動以減緩衝擊，然後過度到全腳著地，可以選擇緩衝避震型跑鞋，也是市場上我們見得最多的跑鞋。

　　ASICS 的 NIMBUS 是頂級緩衝跑鞋，採用了緩震的超輕中底；MIZUNO 的 WAVE RIDER 緩衝型次頂級跑鞋，有著平行波浪片，特殊的中底材料和吸震橡膠使得腳感很好；New Balance 1080 也是緩衝避震的旗艦跑鞋。

低足弓的外翻腳型

　　足弓較低，腳印飽滿，整個腳掌都會印出來。跑步時腳跟外側著地，過分向內側滾動而形成內翻。不矯正的話，會過多地磨損關節導致傷痛。這種腳型要選擇加固足弓內墊的鞋，也就是鞋中底得有緩震材料，但減震墊不能太厚，鞋底不能太軟。

高足弓的內翻腳型

腳印外側很窄、看似中斷，足弓內部空間很大。這種腳在跑步落地時會向內滾動而緩衝不夠，所以要選擇內側有支撐的跑鞋。這類跑鞋的鞋內側足弓到腳跟會有強化穩定的設計。

MIZUNO的INSPIRE支撐系跑鞋，鞋內側有加厚的中底，配合波浪板來實現穩定的效果。New Balance 1260高端支撐跑鞋，價格不菲。ASICS KAYANO頂級支撐跑鞋，鞋中底採用大量GEL緩震膠，內側的動態防傾斜裝置穩定了足部，分散了腳對地面的衝擊力，被跑友尊為「跑鞋之王」，可見其威武程度。但是這款鞋其實僅適用於體重較重的人，體重輕的人反而不適用。GT–2000系列是KAYANO的精簡版，穿著的感覺在柔軟與堅硬之間，中底既沒有緩震系跑鞋的大幅度形變，也沒有其他穩定系跑鞋堅硬的落地感。雖然是穩定系跑鞋，但GT–2000在緩震方面的表現也受到很多跑友的青睞。

除了上述可根據腳型選擇跑鞋外，還有以下幾類跑鞋可供選擇。

越野型跑鞋

這種鞋的外網底路粗大，鞋底硬，耐磨損，鞋面材料透氣、防水，鞋帶能收納，適用於山野等多石頭、沙子和泥漿的路面。對於喜歡越野跑的跑友來說，這類鞋是必不可少的裝備。

比賽型跑鞋

重量特別輕，較薄，鞋底抓地力強，但是不耐磨損，所以使用壽命也短。這類鞋需要有強壯的腿部和足部力量才能駕馭，很多人主要在正式參加比賽時才穿，可以讓你以獵豹的速度去爭分奪秒，創造個人的 PB（編按：個人最佳成績）。

訂製型跑鞋

我們的兩隻腳其實並不完全一樣，大約 70% 的人左、右腳之間存在著生物力學差異。為此有的品牌提供了私人訂製式設計，如採用訂製鞋墊，可以根據自己腳的舒適度，自行放入跑鞋內，不管是扁平足、高足弓，還是先天性的足弓有缺陷，都可以選擇到最適合你腳型的鞋來提升舒適度。

有的跑鞋還配備不同軟硬度的小插墊，腳跟外側和腳拇指內側都有對應的插孔，可以在第一趾關節及足後跟插入，適合於不同重量級別和受傷者的需要，增加緩衝減震功能。

除上述外，還有一種赤足型跑鞋，五趾叉開，實在是跑鞋中的奇葩，宣稱要回歸自然，但是保護性很薄弱，我並不推薦剛開始跑步的人穿這種跑鞋。

當你想買一雙心儀已久的跑鞋時，要穿上襪子再試穿，在你正好合適的基礎上加大半個鞋碼（英、美鞋碼）或一個鞋碼（歐洲鞋碼）。因為跑步時腳會發脹，必須為此留出足夠的空間。有些跑友穿和平常一樣鞋碼的跑鞋進行訓練和比賽，往往使得腳趾甲發黑發紫甚至脫落。

因為很多跑鞋加強了鞋跟的緩衝，所以剛開始跑步的人習慣於腳跟落地，覺得有專業的跑鞋保護就不會受傷，但這並不是正確的跑步方式。初跑者還是盡量糾正自己的跑姿，盡可能全腳掌落地或者中掌滾動式落地，盡可能利用足弓的緩衝避免地面對膝蓋等部位造成衝擊。跑步不能完全依賴跑鞋，所依仗的主要還是跑者足踝部和腿部的力量。

提高肌肉力量的壓縮衣褲

跑步專用的壓縮褲，會讓跑步的世界更精彩。女生穿壓縮褲顯得很健美。男生穿緊身的壓縮褲，少見的路人通常會很詫異，但壓縮褲帶來自由奔跑的感覺卻會讓人有風一樣的神采。跑步壓縮褲和緊身褲，還是有很大區別的。壓縮褲的感覺就像是你的另外一層皮膚，甚至另外一層骨骼。緊繃的壓縮感，可以

穿著壓縮衣褲跑，自然感覺一身輕鬆。男生也不必介意旁人的目光，因為跑得自在才最重要。

提高肌肉的力量，緩解乳酸堆積，固定大腿肌肉的擺動幅度，避免無效振動帶來額外負擔，同時能保護膝蓋並防止抽筋。

有壓縮褲，當然有壓縮衣。肌肉男和肌肉妹子穿壓縮衣，直觀上可以更顯身材。壓縮衣的功能就是提高肌肉的力量，如果肉多則可以起到固定作用；但是最重要的還是對核心肌群和後背等部位產生一定支撐，保持身體正直。

壓縮褲和壓縮衣優良的貼合性，會讓你有裸奔的感覺，不僅冬天刺骨的寒風無法肆虐我們的肌膚，在夏天還能更快的排汗並且使毛孔的呼吸更暢快。

調整經期與挑選運動內衣

男人來自金星，女人來自火星，男女天生有別，跑步時也是這樣。雖然女人的心血管要比男人小一些，血液中攜帶氧氣的血紅素也比男人少，但是女人跑步的潛力更大，尤其是跑長距離比賽耐力的馬拉松。男人依靠著自己更強的力量在跑，所以女人不要和他們比速度，不要試圖追上他們，要跟自己比，一次一次超越自己曾經的最好成績。

　　我也是女人，雖然我從來就不服氣男運動員，敢與他們比速度。但女人就是女人，總有不方便的時候，每個月的那幾天跑還是不跑？對於專業運動員來說，在比賽日當然是不可能放棄的。如果經期正好趕上你期待已久的賽事，不想放棄就要提前調整好時間，我會吃黃體素讓經期提前，一般吃完三天後經期就到了，這樣就不會影響惦念已久的心儀賽事。一般女性跑友可以根據經期時的身體狀態來調整。放慢你的速度，舒適地跑才是最重要的。

　　運動內衣是我們女性跑友的專屬用品，要注意挑選合適的尺寸，確保跑步時的舒適。好的運動內衣可以托起你的胸部，變得更挺更性感。顏色鮮豔的內衣，纖細的腰肢，性感的腹肌馬甲線……，運動的女人更加美麗動人。

　　胸部大的女人平時看起來性感且引人注目，可是跑步時的麻煩只有自己知道。專業的測試顯示，34A／75A的胸部在跑步中擺動的幅度能達到4公分，一場42.195公里的全程馬拉松跑下來，你的胸部也相當於跑了3.5公里，好可怕，這是會變殘的……，因此，挑選一件好的運動內衣首先要看自己胸部的cup大小，其次看你的運動強度。

　　就跑步而言，你跑得快慢也是運動強度的體現。胸部越大則跑步強度越大，對運動內衣的支撐要求越高。壓縮式的運動內衣只適用於A和B罩杯的女性，而包覆壓縮式有著獨立的罩杯結構，可以很好地支撐起胸部，適用於C罩杯以上的女性跑友激烈運動時使用。我推薦背帶式的款式，背帶在背部交叉或整體連在一起，稱為racerback，在跑步過程中可以起到很好的支撐作用。

運用 3C 產品，讓你跑得更舒適

　　有人喜歡跑步的時候聽音樂，他們不在乎什麼 PB，而是在乎跑步過程中的享受，音樂可以隨著你一起跑過各種風景。不同的人對音樂有不同的喜好，我還聽說有人跑全程馬拉松聽大悲咒、聽鬼故事的，說是可以騙過自己的身體不知不覺跑完全程。連著 iPhone 的白色耳機線能讓你跑步時更有風姿，而無線的耳機能讓你更加自由。一種帶有心率監測、GPS 定位，又能聽音樂的無線耳機，則集合了你所需的各種功能。

運動耳機

　　跑步，尤其一個人長時間跑步，有時不免感覺枯燥，這時若能有音樂相伴的確能增添不少樂趣。跑步時最好選用運動耳機，拋開音質這一方面，在耳機的挑選上至少還要考慮兩點，一個是佩戴的牢固性，比如掛耳式的就不容易出現脫落的情況，再者是最好能防水、防汗，這一點對於汗腺發達的跑者來說實在是太必要了。

　　對跑友來說，手機中的各種跑步應用軟體，如 NIKE±Running、咕咚運動、益動 GPS 等等，是我們最大的福利。每跑完 1 公里聽到「好棒喔」、「加油喔」的聲音，就有繼續跑下去的動力了。跑步軟體可以提供跑步地圖地形、每公里配速、總里程、運動時間、能量消耗、心率等各種資訊。很多軟體還帶有教練功能，提供了 5 公里、10 公里、半程馬拉松和全程馬拉松這 4 項最主要也是最基本的跑步距離選項。

手機運動臂套

　　有的人跑步喜歡輕鬆上陣，能不帶的盡量都不帶，這樣跑起來也舒服自在。可是有的時候，我們需要與人保持聯繫，或者需要用到跑步軟體，隨身攜帶手機便成了必然選擇，但把手機拿在手上或者裝在口袋裡，實在不太方便，於是手機運動臂套應運而生了。讓我們把手機裝進臂套裡，自由自在地奔跑吧！

　　北京時間2014年4月22日，著名的波士頓馬拉松鳴槍起跑，我作為特邀嘉賓參加了CCTV5+（編按：中國央視體育賽事台）的直播解說。美國39歲老

將梅伯·柯菲斯基（Meb Keflezighi）以2小時8分38秒的成績力壓非洲軍團奪冠，他在跑步中會偶爾看一下手腕上的佳明（GARMIN）計時錶。

功能強大的手錶還能計算你的最大攝氧量。無論是訓練還是比賽中，透過配速計算能即時知道自己的跑步速度。設定自己 10 公里等距離所需的跑步時間，還能一鍵換算出半馬、全馬所應當保持的配速和比賽時間。比如輸入了 10 公里的比賽用時 54 分鐘，可得出相關跑步的成績預測：半馬 1 小時 59 分，全馬 4 小時 8 分，這個成績預測跟你的實際跑馬成績是基本吻合的。

跑步手錶都附有心率帶，在使用前感測器上要先沾點水，提高導電率。男生可能不喜歡戴心率帶，但是要想真正掌控自己的跑步，了解自己的心率是非常有必要的。

用心率帶或心率錶來監控跑者的跑步心率，可以測量出心臟的工作量，也能看出訓練中的受益。不同的跑步強度，在心率上都會有反映，它可以讓你控制自己在比賽時的配速。

跑步手錶

專業的跑步手錶，可以讓我們更有跑步的欲望。它可以接收手機發送的天氣、溫度；有電話的時候會同步在手錶上顯示。跑步完可以檢索跑步的距離、平均心率、最大心率、跑步時間、能量消耗、配速和步頻，以及單圈的時間等。你還可以通過藍牙直接同步運動資料到網路上，把運動成績即時分享給好友。

跑步時享受科技，會增加跑步的動力，也能讓我們跑得更科學更安全。不過，跑步不要跑成裝備控。我們跑步並不在於穿戴了多麼先進的豪華裝備，而在於內心的最簡單樸素的跑步熱情。

跑過春夏秋冬，在不同季節安全地跑步

我們跑過春花的浪漫，跑過金秋的絢爛，跑過夏天的熾烈，跑過冬天的嚴寒，領略著不同的風景。這也是我們跑步人所能享受的樂趣之一。

春天是跑步的好時節。煙花三月，春雨彌彌，綠柳拂風，櫻花繽紛。在馬拉松賽事中，揚州半馬、蘇州半馬和無錫馬拉松，都是在一年中最美、最好的春天舉行。秋天也是跑步舒服的季節，溫度稍低時可以穿長衣、長褲，溫度稍高時可以穿短袖、短褲。北京馬拉松、上海馬拉松和杭州馬拉松，就分別在10月和11月的秋天舉行。

在炎熱的夏天和刺冷的冬天，可不能一頭熱衝上跑道，要好好準備才能出門跑步。夏天跑步，對於愛美的女人來說，最大的恐懼可能是來自擔心皮膚變黑。我的皮膚天生比較黑，但也不想變得更黑，所以現在夏天出門都會撐傘。

在專業隊裡訓練時，早上還好，下午就很難熬了。塑膠跑道會吸熱，如果是35℃的高溫天氣，訓練場的跑道地面溫度就會達到40℃左右，這樣的環境下我們必須堅持跑完一下午的課程，在太陽底下曝曬至少3個小時左右。很快我的皮膚變得很黑，我想如果把我扔到煤堆裡不注意肯定都看不到我。體工隊曾經帶回來一男一女兩個皮膚黝黑的長跑隊員，其他人都說我跟其中的女孩像姐妹，一對黑姐妹。

水壺腰包

夏天跑步，除了必要的防曬措施外，最重要的莫過於補水了，這時方便攜帶的水壺腰包便能派上用場，讓跑者沒有飲水的後顧之憂。跑步過程中要注意補充水分和電解質，水壺中建議灌入運動飲料，有助於增加能量補給。

在夏日裡跑步，防曬和補水的重要

夏天跑步，防曬很重要，無論是陰天還是晴天，都要塗防曬指數 SPF30 以上的防曬霜。雖然夏天很熱，也不要光著胳膊或只穿運動內衣跑步，最好戴上帽子、護目鏡，看上去也會顯得更帥更美，順便再戴一條色彩斑斕的運動頭巾吧！防風、透氣、吸汗、速乾、柔軟，還能遮陽，百變混搭。

讓我們酣暢地揮汗如雨的夏天漸行漸遠，涼爽的秋天很快就會來到，一年中第二個跑步比賽季就在你的下一頁月曆中。北方的金秋很短，隨著香山紅葉的凋落，就會進入冬天。寒風中我們依然可以奔跑，不用畏懼，跑過冬天，春天就到了。冬跑的著裝很重要，要擋住寒冷，但是也不能穿得過多，還要防止出汗後受涼感冒。穿得太少，冷得哆嗦，跑不出精神；穿得太多，大汗淋漓，渾身難受。

在冬天裡跑步，保暖排汗的穿戴建議

冬跑著裝建議洋蔥式穿法。所謂的洋蔥式穿法，就是裡中外一層層地穿，運動熱了可以隨時脫去外層衣物。不是每個人都可以消費得起幾千大洋的跑步保暖專業內衣。可以先穿一層貼身的聚酯化纖衣物，有助於吸收汗水，快速排汗，保持身體乾爽，千萬不要穿棉質衣物以免讓你覺得濕漉漉。中間層衣物須有隔熱排汗效果，適當散發熱能以防身體過熱。外套要能擋風防水，既保暖又能調節體溫，無風無雨雪的天氣，跑熱了可以脫下來圍在腰間。若仍覺得冷，根據實際情況添加衣物。褲子可以穿兩條，裡面那件緊身保暖，但不要太厚，也不要穿棉的。

建議冬跑最好戴手套，縮著手跑步的樣子可不好看。而且就算跑得渾身大汗淋漓，可手指還是會被凍得僵硬，那感覺真的不太美妙。還有一個現實的問題，就是冬天跑步容易流鼻涕，可以帶上紙巾或者就在手腕纏一條魔術頭巾，或者，你懂的。戴上一頂可以拉下來遮住耳朵的帽子或者乾脆繫一個頭帶，跑得熱氣騰騰時可以脫下，另外魔術頭巾也可以用來遮耳朵。特別寒冷的天氣，可以用圍巾包裹著臉跑或者戴那種圍住頭和脖子的帽子，僅露雙眼和鼻子。特別要當心江南的冬天，那種濕冷更是會鑽透衣褲滲及骨肉。有點霧氣的清晨，

跑步時頭髮眉毛還會結霜，因此更要注意臉部的遮擋。

冬跑因為溫度低，熱身很重要，肌肉、韌帶相較夏季來說都要僵硬得多，特別是初跑者的脛骨很容易發生骨膜炎。慢跑熱身，動態拉伸，在跑前充分活動踝關節和膝關節。當身體肌肉溫度提高，關節韌帶活動開，微出汗後，就可以開始跑步了。

結束冬跑後，要回到溫暖的室內，擦乾汗水，再進行跑後拉伸。如果浴室夠大，可以邊淋浴邊拉伸。否則在室外等體溫降下來，就會因為汗毛張開，冷風入侵而導致感冒，而女性跑友最好脫掉已經濕掉的運動內衣。

另外，事先準備好溫熱的蜂蜜水，跑完後要及時補水。如果來一杯熱熱的巧克力牛奶就更完美了，它可以幫你很快地恢復體力。

如果願意，可以試試在漫天風雪中跑步，不用跑得太快，注意腳下易滑的路面及路口車輛。當穿著輕薄的羽絨服跑過街道和橋梁，踏著白雪留下串串腳印時，你就是那道最美麗的風景。

晨跑或夜跑，你選哪一種？

很多人問，早上跑好還是晚上跑好？這還真是個問題。除了週六、週日，大家白天都要上班，只有早晚的時間了。去網路上查查看吧，中醫說晚上跑是自己找死，西醫說早上跑是自己找死，不過除了意外情況，還真沒有早晚跑步出事的。跑步的人，有時間就可以跑，其實不用太在意時段。

如果你的目的是減掉體重，早上跑效果會更好。雖然早上二氧化碳濃度會高一些，但是在空曠的地方，影響不會太大。經過了一晚上，身體的能量已經消耗不少，如果早上進行至少 40 分鐘的有氧運動，在沒有能量補充的情況下，身體就會調動你的脂肪補充能量。跑步前可以先喝點蜂蜜水，注意不能是普通的白糖、紅糖水喔。

當星星還掛在天邊，晨跑的人已經在路上，跑著跑著天就亮了。還在夢中的人永遠無法理解跑步的人追著太陽升起，享受那驚豔光照的豪情。早上跑步時氣溫低，所以夏天更有利於早上跑步。

在黑夜中奔跑，似乎更能釋放不羈的能量。

在晚上跑步的人，對肌肉更能起鍛鍊作用。一天下來三餐的補充，身體已經儲存了足夠的能量，可以進行高強度的訓練了。跑完就可以洗洗睡覺，肌肉也能得到很好的恢復。

白天真的不懂夜的黑，在我們跑步前進的路途中，有太多未知安全因素，但這並不能阻擋我們的腳步。夜光系列的跑步裝備讓夜跑發光，我們盡可大膽放心地在夜間盡情奔跑。如果你覺得夜跑鞋、夜跑風衣價錢太高，不如來個螢光手環或發光的鞋帶，不用花費太多，也能讓你在夜色中綻放獨有的風采。

認識腳下的路

我們以健康的名義進行跑步，但很多人卻仍會受傷。原因之一是對跑步的路面不太了解。業餘跑步的人，沒有太好的條件，多半是就近有什麼路就跑什麼路。你會有一雙專業的跑鞋，卻不會在專業的塑膠跑道上跑，馬拉松比賽時更不會選在塑膠跑道進行。在平常的訓練中，跑步的路面可以多樣化，這樣更有利於全身肌肉的協調，減小同一部位的過度負荷。

跑道的種類

草地

在鬆軟的草地上跑步，可以緩衝腳與地面的衝擊力，也能提供較好的摩擦力，有利於保護膝蓋。不過有的草地可能不平整，軟硬度或許會不一致，這對於腳的穩定性和腳踝的力量要求較高。容易患足底筋膜炎的跑友不要在草地上跑步，鬆軟的地面會使你的足部過度內翻。

塑膠跑道

塑膠跑道的材料是聚氨酯橡膠等，平整且有一定彈性，是跑步時的理想跑道，有利於初跑者的膝蓋保護。學校體育場、體育館的跑道都是標準的塑膠跑道，全長為 400 公尺，由兩個平行的直道和兩個半徑相等的彎道組成。在塑膠跑道上進行中等強度跑，或是聽著音樂跑，或在天黑時訓練跑，都非常理想。

若進行長距離跑步，在塑膠跑道上應該順時針、逆時針地變換著跑。注意轉彎時不能太急，長時間彎道跑由於身體兩側受力不均，會造成單邊勞損而導致受傷。在北京的奧森公園有一條塑膠跑道，上海的世紀公園只有半條，這兩條跑道的彈性和體育場裡的雖然沒法比，但比馬路好多了。

山路

如果你要參加越野比賽，那就要多在山路上進行訓練。山路上有坑有石頭，有荊棘刺條，稍不注意就會摔倒受傷。由於路面的複雜性，你需要更好地協調全身，剛跑山路時肯定會導致全身痠痛，但這也有利於全身的鍛鍊。

柏油路

柏油路是俗稱，其學名叫作瀝青混凝土路面。城市馬拉松大都是在這樣的路面上進行比賽，所以備戰馬拉松，還是要多在柏油路面上練習。與塑膠跑道相比，柏油路面硬多了，會衝擊關節，導致受傷，所以剛開始跑步的人千萬不能跑得太快。為了以後的比賽，我們一定要成為一個硬地征服者，在柏油路上積累更多的訓練里程，也許會受傷，但是受過傷後你會更加強大。

水泥路

水泥混凝土路面，還有鋪磚的人行道，也是在大城小鎮跑步時最為常見的硬路面，對膝關節有較強的衝擊。初跑者要跑得慢些，注意穿上緩衝性能好的跑鞋保護自己。

沙灘

在海邊的沙灘上跑步，聽起來不錯，但是沙灘不是很穩定，你的肌肉和關節可能無法按正常的方式運動，可能會導致受傷。傾斜的沙灘，使你一腳高一腳低，也會造成損傷。所以不要在沙灘上做長期的訓練。沙灘跑步距離要短些，速度要慢些。

泥土地

有的地面鬆軟有一定彈性，能緩衝腳部衝擊力。但是有的地面很硬，而且泥土地大多不太平整，路面也會有石頭等，會影響跑步，注意防止腳部扭傷。

除了注意跑步安全外，可以針對不同的路面，穿不同的跑鞋。彈性的塑膠跑道，鬆軟的草地和沙灘，一般的跑鞋就可以跑；柏油路和水泥路，需要一雙緩衝性能更好的跑鞋；山路上則需要一雙專門的越野跑鞋。

chapter 2

跑步，與身體對話
DIALOGUE WITH YOUR BODY

不停地改變計畫，你的身體會告訴你應該做什麼。

——瓊·薩繆爾森

身體能量就是跑步的燃料——跑步的能量供給

用卡路里計算身體所需能量

再好的法拉利跑車，沒油也跑不起來。身體有再強壯的肌肉，也需要能量來驅動我們跑向前方。能量來自於飲食，跑步吃什麼？吃多少？怎麼吃？當你每天或每次吃東西，都會想到卡路里（calorie）時，說明你已經是一個嚴謹的跑者了。專業運動員的吃喝有專業的營養師來配餐，我們普通跑友只能自己注意飲食了。這一部分介紹的內容，會有好多專業名詞，大家還是一定要了解學習的，這會有助於我們更好地理解跑步。

卡路里，是身體所需燃料的單位。我們吃一碗約 200 公克的白米飯，能量約為 260 大卡[①]，一大杯可口可樂約為 320 大卡。

卡路里的計算，與年齡、性別和體重有關。我們每天待著什麼都不做，也需要消耗能量來維持生命需求。年齡在 18 ～ 30 歲之間，男性的能量消耗計算公式為 $W×7 + 680$，女性為 $W×6.5 + 450$；年齡在 31 ～ 60 歲之間，男性為 $W×5 + 830$，女性是 $W×4 + 830$。這裡的 W 是體重，單位是磅，我們得把公斤換算成磅才行，1 公斤大約為 2.2 磅。

比如一個 40 歲成年男性，體重 66 公斤（約 145.2 磅），維持生命所要消耗的基本能量為：$145.2×5 + 830 = 1556$（大卡）。

有一個非常有意思的現象，肌肉比例大的人，基礎代謝率也高，每增加500 公克肌肉，在停止活動時消耗的能量會比原來增加 5 ～ 10 大卡。也就是說，睡覺時也會燃燒你的脂肪，所以大家要努力鍛鍊，增加肌肉量。

要知道自己是胖還是瘦，最好是用專業儀器進行體脂比測試。一個簡單的計算方法是看身體質量指數（BMI），即體重除以身高的平方，比如我的身高是 165 公分（1.65 公尺），體重 55 公斤，$55÷1.65^2 = 20.2$。小於 18.5 為偏瘦，18.5 ～ 24 屬正常範圍，24 ～ 28 為超重，28 以上為肥胖。

①1大卡＝1千卡＝1000卡路里。

不同的運動強度，每分鐘消耗的卡路里也會有所不同。跑步時以 11 公里的時速跑起來，一個 65 公斤的人每分鐘大約要消耗能量 13.1 大卡，如果他跑了 2 小時，就意味著消耗了 1572 大卡，或者說要補充這 1572 大卡才能滿足正常需求。從另一方面來說，我們就可以知道進行一場運動，比如跑一場 2 小時的半程馬拉松，需要消耗 1572 大卡，這也是我們在賽前、賽中要補充的能量。

身體的能量供給系統

很多人都知道，想要減掉體重，最好跑步 30 分鐘以上才會有效果。這是為什麼呢？這 30 分鐘，跑者的身體會發生什麼神奇的變化呢？

我們在進行包括跑步在內的各項運動時，身體有 3 套能量供應系統在運作，即磷酸原系統（編按：ATP-PC系統）、糖酵解系統（乳酸系統）和有氧系統。最主要的能量來源也是 3 種，即碳水化合物（產生糖原）、脂肪和蛋白質。很多化學名詞吧，記不住沒關係，關鍵在於第三套系統會燃燒你的脂肪。

跑步過程中，蛋白質只能提供 10% ～ 15% 的能量，事先儲存好的糖原也只夠維持我們中高強度跑步 90 分鐘，所以脂肪就成了非常重要的能量來源。因此跑步也不能一味地減重，沒有足夠的脂肪，我們是無法堅持跑一場 42.195 公里的全程馬拉松的。

磷酸原系統是高能量來源。這套系統中的三磷酸腺苷（ATP），可以直接輸出，轉化為二磷酸腺苷（ADP），讓身體產生爆發式的反應，對短跑運動員特別有用。可惜的是，靠 ATP 只能維持 8 ～ 10 秒，也就是中國飛人劉翔這類人用。當 ATP 用完後，磷酸肌酸（CP）開始供能，可是也只夠提供我們 20 秒所用，普通人也就跑個 100 多公尺。

當快速跑了 30 秒，這時 ATP 和 CP 都用完了，糖酵解系統，也就是我們常說的乳酸系統開始運作。乳酸這個詞必須記住，這與跑步有很密切的關係，後面會經常提起它。

乳酸系統使用儲存在肌肉、肝臟和血液中的糖原（編按：又稱肝醣）作為能源，糖原分解後會產生乳酸，肌肉就會感到疲勞，這時我們不得不降速甚至

停下來。可以說，乳酸系統可維持的時間，就是我們跑步水準的體現，要想跑得更久，就得要提高乳酸供能系統的水準，這就是後面會介紹的通過乳酸門檻跑來提高跑步水準的基本原理。乳酸閾值是有氧運動和無氧運動的分界點，產生乳酸時，我們就會有跑累了的感覺，不要緊張，跑慢點就會挺過去。

剛開始跑步的新手在 2 公里左右就會累得不行，不要輕易放棄。大喘氣，心跳加快，血液循環加速，這是正常的身體反應。此時的血液開始為你的全身輸送氧氣，為肌肉提供能量。糖原的燃燒當然會導致你的身體發熱出汗，出汗是降溫的體現，否則你會因燃燒的高體溫而危及生命。

挺過這個難受的階段，也許是 10 分鐘，也許是 15 分鐘，因為新手跑步的身體還不適應供能系統的運作，需要磨合一段時間。不要怕乳酸的堆積、氧氣的不足和持續的疲勞，跑慢點，跑跑走走也可以。堅持過去，世界就會一片光明，等你的身體適應了，再把速度提高。

在你覺得跑不動，內心掙扎時，有氧系統其實已經開始運作了，不過它的啟動比較慢。對於跑步來說，特別是長距離馬拉松跑步，這就是最重要的供能

當你一次次被汗水濕透的時候，你的跑步能力也在一步步提升。

系統，主要利用碳水化合物、脂肪和蛋白質的有氧代謝提供能量。

當你跑過 30 分鐘時，身體已經基本適應了跑步機能，你的節奏、速度、呼吸，已經能與身體的供能系完美地配合。這時，一個跑者的高潮來臨了，身體會分泌出多巴胺，這是讓你感到快樂的荷爾蒙，盡情地享受奔跑吧！

感知你的心跳——跑步時心跳為什麼會加快？

很多人跑步時，呼吸喘重，跑得要死要活，「砰砰砰」的心臟好像要跳出胸腔。對於業餘跑者，我從不建議他們跑得上氣不接下氣。

幾千年前，我們的祖先要獲得食物，又要躲避猛獸，不得不在原野裡奔跑；現代人出門坐車，上樓坐電梯，身體其實嚴重退化了。為了有健康的身體，我們開始跑步，但是跑步也是一門學問，不了解自己的身體，任由所謂堅定的信念欺騙自己的身體，生命之花就會無情地凋敝。在馬拉松比賽，甚至就在一般的 5 公里、10 公里跑步中，也會有一些年輕人沒有跑到終點，讓我們這些一起跑步的人悲傷不已。

所以，想要安全健康地跑步，就要了解自己的身體；每一個落步，都要感知我們的心跳，要在一步一步中增強心肺功能。跑步有益於心肺系統，而心肺的強大又能使我們跑得更久更快。

跑步時心跳為什麼會加快呢？簡單來說，心肺功能的強大，就能輸送更多的血流量，這意味著血液的含氧量高，肌肉就能運動地更強。跑步時，特別是跑馬拉松時，需氧量大大增加。心跳加快是為了多輸送血液，滿足身體在跑步時對氧氣和其他營養的需求。心臟得到更好鍛鍊的人，心肌細胞變得粗大，心室壁變得厚實，心臟本身也擴大了，收縮起來強勁有力，每次跳動輸送到全身的血液要比普通人多，所以我們必須提高心肺功能。

監測你的心率

心率是心臟每分鐘跳動的次數，是運動強度的重要參考指標。當然心率會受到天氣、心情等的影響。比如興奮時你的心跳會加快，在夏天高溫時運動，

心跳也會加快，而你會跑得比春、秋天時要慢，這也是為什麼馬拉松比賽多數在春天和秋天舉辦的原因。

健康成人的正常心率為 60 ～ 100 次／分鐘，女性稍快，老年人會偏慢。專業運動員的心率可以低於 60 次／分鐘。我們在跑步或其他運動中，或者興奮激動時，每分鐘心率會超過 100 次（一般不超過 160 次／分鐘）。

通過對心率的監測，不論是為了減肥還是為了比賽，我們都可以有效地調控自己身體的鍛鍊強度。如果只是為了減肥，你沒有必要像那些為了 1000 公尺比賽的人那樣跑得死去活來。

跑步時，在手腕上除了戴上擦汗的護腕外，加一支配心率帶的跑步錶吧！用它監控心率，在跑步過程中可以獲得最直接清晰的身體狀況。不同的運動強度可以用最高心率的百分比來表示。

 心率區間與強度分級表

心率區間	心率強度	心率值	活動強度
1	50%～60%	90～110	低強度，比如日常活動
2	60%～70%	110～130	低至中強度，比如為了控制體重、塑造身材的運動
3	70%～80%	130～148	中強度，比如為了增強體質的運動
4	80%～90%	148～168	高強度，比如半程馬拉松比賽
5	90%～100%	168～190	特別高強度，比如1000公尺跑步比賽

在 60%～ 70% 的心率區間進行低強度而高度有氧的運動，是達到減肥、健美的最好方法，也是促進身體健康，提高心臟健康的第一步。對於跑步的人來說，這也是為了提高耐力進行輕鬆跑的心率區間。

　　為了進一步提升心臟的功能，需要提高運動強度，在 70%～ 80% 的心率區間進行鍛鍊。有比賽潛力的跑步愛好者，在此區間鍛鍊可以強大你的心臟。

　　如果你是為了在跑步比賽上獲得更好的排名，鍛鍊強度必須提高到最大心率的 80%～ 90%，即進入心率區間 4，像是實行乳酸門檻跑（編按：tempo run，也可譯為節奏跑），才能使你更為強大，跑出更堅忍的耐力和更快的速度，達到自我設定的一個又一個的目標，你也就擁有了在最後衝刺時與身邊對手一較高下的能力。

　　在進入心率區間 5 的時候，是比較危險的，一些馬拉松比賽中發生的悲傷事故，大都是因為缺乏系統和長久的訓練，而在比賽中因心率過高所導致的。

　　運動強度增大時，最大心率就是耗氧量和心率不能繼續增加時心率達到的最高水準。每一個人的最大心率是不一樣的。有個比較簡單的預估最大心率（EMHR）的計算公式：

預估最大心率（成年男子）= 220 －實際年齡

預估最大心率（成年女子）= 226 －實際年齡

　　這個計算公式能推算出最大心率，但對於年紀大的人，或者經常運動的人，並不十分準確。

　　要想知道自己比較真實的最大心率，最好的辦法是透過運動來測量，比如說熱身後跑 1.6 公里，最後 400 公尺全力衝刺，過程中的最高心率就比較接近最大心率。每個人的最大心率基本上已經由基因所決定，很難經由後天的訓練改變。長時間維持最大心率非常危險，有可能引發心臟驟停，就像汽車引擎縮缸。知道自己的最大心率，才可以更好地指導自己的訓練強度。

　　除了最大心率，我們還有必要知道目標心率（THR），也就是進行特定強度的跑步時需要控制的心率。要計算出目標心率，需要先確定靜止心率和儲備心率。靜止心率（RHR），即安靜心率（編按：休息時，每分鐘心跳最慢時測得的心率），一般人在 70 ～ 90。這是你每天早上醒來測出的資料，連續測量

3 ～ 5 天取平均值。如果你早起憋尿了，心率會偏高的，所以要尿完後躺幾分鐘再測。身體素質越好的人，靜止心率越低，因為心臟機能強大，輸血效率高；當然年紀大了，靜止心率也會降低。

另外一個是儲備心率（HRR），計算方法為測量最大心率或預估最大心率，減去靜止心率。知道自己的心率儲備值以後，就能夠計算出自己的目標心率，也就是我們跑步訓練時要控制的心率：

目標心率＝（儲備心率 × 心率強度）＋靜止心率

例如 45 歲的男性跑步者，剛剛開始跑步鍛鍊，想透過跑步減肥，他的心率強度取 60%，靜止心率為 70，下面就是具體的計算過程：

預估最大心率（EMHR）＝ 220 － 45 ＝ 175（次／分鐘）
儲備心率（HRR）＝ 175 － 70 ＝ 105（次／分鐘）
目標心率（THR）＝（105×60%）＋ 70 ＝ 133（次／分鐘）

想要簡單地測量心率，可以跑步後馬上測量自己的頸動脈 10 秒鐘內跳動次數，再乘以 6。例如不運動時，測量出 10 秒內的脈搏是 14 次，乘以 6，心率就是 84。一個間歇跑後，測出脈搏為 28 次，則心率就是 168。每 10 秒測出 22 ～ 23 次，對於減脂來說是最合適的心率。

如果你覺得上述介紹的計算公式實在太繁瑣，確認你是健康而經常鍛鍊的人，為了減體重，就用 130 ～ 150 的心率跑步，這是一個實用、安全的心率區間。

一般跑馬拉松的人，等速跑心率在 160 ～ 170，前半程在 145 ～ 165 最好。隨著距離拉長、能量的消耗，要維持速度不變，心率就會升高，最高可能會到 185，這樣下來，平均也是在 160 ～ 170 的範圍。

心肺功能的鍛鍊，包括有氧和無氧運動的結合。有氧運動可以提升攝氧

量，而無氧運動則能提高你的耐力和速度。

有氧運動也叫作有氧代謝運動，是指人體在氧氣供應充分的情況下進行的活動，此時機體能量主要來源於脂肪的代謝。有氧運動的特點是強度低、有節奏、持續時間較長，好處是可以提升氧氣的攝取量，同時能更好地消耗體內多餘的脂肪。馬拉松訓練中的 MAF180 就屬於有氧運動（下方將重點介紹）。

劇烈運動時，比如百米衝刺，有氧代謝不能滿足身體的需要，體內的糖就會進行無氧代謝，提供能量以滿足運動的需求。

如果你跑步主要是為了減肥，應該進行慢跑有氧運動。跑快了沒用，因為無氧運動不消耗脂肪。要想提高跑步時的速度和耐力，就要進行有氧／無氧運動的跑步訓練，它能提高機體的運動能力，塑造肌肉線條，增強肌肉力量。

輕鬆有效的 MAF 180

MAF180 訓練法，在 1994 年被評為「年度最佳鐵人三項訓練法」，這是菲爾‧馬佛東（Philip Maffetone）博士提出的用於指導耐力項目的最大有氧運動訓練方法。對於跑步者來說，這是個溫和的訓練方法，不會讓你始終高度興奮、瘋狂地處於大運動量中而不小心受傷，也不會讓初跑者因為肌肉痠痛、心跳過快等狀況喪失繼續跑下去的信心。

MAF180 的全稱是 MAF 180 Heart Rate Training（心率訓練法），而MAF 的含義是最大有氧狀態（Maximum Aerobic Function）。MAF180 訓練法的最關鍵之處在於要按一定的心率循序漸進。上個段落提過的 220 公式，即預估最大心率為 220 減去你的年齡，這裡講的是最大訓練心率，而不是最大心率。

MAF 心率的具體計算方法為：

‧首先用180減去你的年齡，然後根據下面情況相應調整；

‧如果你有影響運動的疾病如心臟病、高血壓，或身體處於恢復期，－10；

‧如果你是以前沒鍛鍊過或只是斷斷續續鍛鍊過的初跑者，又或者每年感冒超過2次，或有過敏症狀，－5；

．如果你每週鍛鍊至少4次，並堅持了2年以上，而且沒有上述第2、3項中的問題，不需調整，保持180減去年齡的公式即可；

．如果你堅持訓練超過2年，沒有上述問題，並且成績持續提高，＋5。

　　比如我的年齡為 30 歲，身體沒有什麼問題，並且一直堅持鍛鍊，那麼我的最大訓練心率就是 180 － 30 ＝ 150。最佳訓練心率應該是在－ 10 這個區間為佳，即訓練時的心率要保持在 140 ～ 150，盡量接近最大訓練心率，但是不要超過它。

　　MAF 心率是有氧機能得到最大發揮與鍛鍊的心率，如果心率超過了 MAF 心率，則有氧機能比重會下降，而無氧機能的比重就占著上風。因此 MAF 心率應該是日常有氧訓練的心率上限，在 MAF 心率上的速度代表了有氧運動的能力。

　　隨著 MAF180 訓練的深入在同樣的心率下你會跑得更快。這可以通過每隔一段時間的 MAF 測試來檢驗。MAF180 比較讓人鬱悶的是，它的訓練速度很慢，所以特別花時間。上海跑步圈有位著名的女跑者晶晶，就是 MAF180 的嚴格執行者，她的年跑量超過 4500 公里，這是個讓人抓狂的跑量。她以 150 的平均心率訓練，一年以後馬拉松配速從 6 分 5 秒／公里提高到了 5 分 15 秒／公里。

　　MAF180 訓練過程分為 3 個部分：熱身、持續跑步、冷身拉伸。從心率上來看，你會發現一個從下往上、平穩再往下的曲線圖。為了保持平穩的心率，你發現你跑得越來越慢，但這就是正確的跑法，至少要堅持跑 30 分鐘以上才有效果。

　　金庸的小說《笑傲江湖》中，華山派向來有劍宗和氣宗之爭。岳不群說：「十年是劍宗厲害，二十年平手，三十年後就是氣宗厲害了。」跑步的速度訓練相當於劍宗，而有氧耐力訓練好比是氣宗。如果用更偏速度的訓練來進行非常偏耐力的運動，結果就是我們提高了速度，很快地達到了速度頂峰，但還是需要很多年來全面發展有氧系統，才能取得最好的成績。劍宗的功夫要練，但氣宗的功夫還是最為綿長，更不能荒廢。

MAF180 適合初跑人群，因為它幾乎不會讓你受傷，比如膝蓋疼、心悸頭暈、跑完累得要死等等；適合想要減肥的人，因為遵循的心率範圍正好在燃脂區間；也適合經常生病的人，強度不大但能有效提高體質。

堅持一年時間，不要被身邊跑得像風一樣快的人所影響，無論平常訓練還是比賽，堅持你的 MAF180 大法，日久見奇功，讓你在一個速度下跑得更久，並且還不會受傷。

為身體充電——飲食管理

為了跑步而吃

跑步，是高負荷高消耗運動，但是沒有疲勞就沒有恢復，也就沒有運動能力的提升。這時營養的補充就顯得非常重要。跑步雖然可以減肥，但是正常訓練中足夠的飲食也是必需的。我從體校加入省體工隊後，訓練很苦，但是吃得好多了，肉類、海鮮、蛋類、豆製品、麵食、蔬菜、水果、牛奶等，非常豐富。

業餘跑者不比專業運動員有專人負責營養管理，日常吃喝就要靠自己來注意了。我見過上海有個七人跑步小組，白色的 T 恤上一人一個黑色大字：「吃」、「好」、「順」、「便」、「跑」、「個」、「馬」，很有意思。跑步既然融入了我們的生活，有些時候我們就要為跑步著想。雖然有人說跑步是為了更好的吃喝，但是為了可以和哈根達斯（Häagen-Dazs）共同度過一個美好的下午，或者為了噴香的烤全羊，還是要靠跑步來消耗吃下去的美味。

正所謂真正的跑者，也是一個真正懂得吃喝的營養美食家。

如果只是一般健康跑步，不用太講究吃，但是要備戰半馬或全馬這種高消耗的運動，則必須為了跑步而吃喝。我們需要更多的能量支撐，還需要額外的維生素和礦物質補充，對抗氧化劑的需求也要比那些運動量少的人更多，還要蛋白質來增強肌肉。書末的附錄 1（請參考 p.180）是常見食物的營養成分列表，可以幫助我們了解每天飲食所攝入的營養成分。

能量來自碳水化合物

對於跑者來說，碳水化合物是不可不吃的，除非你在進行減肥而有意識地減少碳水化合物的攝取。

想減重的跑者，飲食結構一般為 50% 的碳水化合物、20% 蛋白質和 30% 脂肪；認真訓練或跑馬拉松的跑者需要提高碳水化合物的比重到 60%～65%，蛋白質為 15%，脂肪為 20%～25%。在我們日常食物中，麵條的碳水化合物含量最高，這也是為什麼馬拉松比賽前幾天推薦吃麵條的原因。

跑步需要能量，肌肉的能量來自於葡萄糖，而葡萄糖主要來自於碳水化合物。米飯、麵條、麵包等，碳水化合物含量都很高，跑者不用忌口。當然，富含膳食纖維的全麥麵、蕎麥麵是最好的。除了這些，我們還要多吃水果蔬菜，也能提供碳水化合物，還含有大量的維生素、礦物質和抗氧化物，比如番茄、葡萄、蘋果、橘子等等。

正在減重的跑者，不能只跑不吃，但要吃低熱量的食品。眾多跑友的經驗是在減重時，每天早晚喝燕麥粥，做法也很簡單。燕麥沒有什麼味道，可能你內心並不喜歡，可以煮熟後加適量葡萄乾、切碎的水果、牛奶等，甜滋滋的，也很有飽腹感。用小米煮粥也不錯，還可以加入各種豆類，或用紅棗、枸杞、百合等調整口味。

補充蛋白質

蛋白質是建構身體不可或缺的物質，尤其肌肉主要是由蛋白質構成，所以蛋白質是跑者必須補充的。多吃魚、去皮的雞肉、牛肉等，既能獲取蛋白質，還能滿足吃肉的欲望。

如果不能保證每頓都有肉類，最方便的就是每天吃 2 個雞蛋，或者就是低脂的牛奶、豆漿等。如果你自製豆漿，就用黑豆，省得為了無法辨別基因改造的黃豆而煩惱。

我們不想成為一個渾身肌肉的型男型女，所以也沒有必要每隔幾小時就吃蛋白質補品；但是對於馬拉松這樣的長跑運動來說，還是要有意識地多攝取蛋白質來修復肌肉，可以在長距離訓練後或一場馬拉松比賽後適當補充。如果你只是想在北京的奧森公園或上海的世紀公園，跑出一公里 4 分 30 秒的配速，天天吃蛋白質補品還是很花錢的。專業運動員的蛋白質補品基本上會有人贊助，而你得自己掏錢。還有就是吃得過多會經常跑廁所。

可以吃肥肉嗎？

跑步的人要不要吃肥肉呀，特別是那香噴噴的紅燒肉多誘人啊！吃不吃肥肉，其實就是攝不攝取脂肪的問題，100 公克肥肉中，有 90.4 公克都是脂肪。很多肉食者可能會為脂肪的問題而糾結，但跑步的人其實不用糾結，跑步只是生活的一部分，不能為了跑步而犧牲掉太多的生活樂趣啊！只要不是想成為一個素食者，該吃的還是要吃。當然，為了更有效地跑出成績，對於脂肪的攝取還是要適當調整。

大多數人恐怕不太了解食物中的脂肪。脂肪有多種，有些要控制，有些則要有意識的攝取，我們要遠離的是飽和脂肪和反式脂肪，那會增加患心臟病的風險。要更多的關注健康的不飽和脂肪，它有著抗炎性，可以幫助跑者在劇烈

跑馬後恢復細微的肌肉撕裂和骨裂。平時則可以多吃鮭魚、鱈魚等，炒菜用的油類多選玉米油、大豆油和葵花籽油等植物油，還有橄欖油、花生油等。

喜歡吃野核桃嗎？裡面含很高的脂肪喔！大約 100 公克熟的野核桃（30 ～ 35 個），就含有 50.8 公克脂肪，熱量達 596 卡路里。不過這些都含不飽和脂肪，對人體相當有益。

喜歡吃紅燒肉、肥腸、豬肝的人要注意啊！盡量少吃，打打牙祭即可。吃多了可能會導致高膽固醇血症。少吃動物性脂肪，比如豬油、奶油、全脂乳製品、熱帶地區的植物油如椰子油和棕櫚油等。最要注意的還有蛋糕上的人造奶油、喝咖啡會搭配的奶精等，這些食物所含有的反式脂肪會提高膽固醇總量，增加罹患心血管疾病的風險。

碧綠的蔬菜能補鈣

還記得魯迅的《從百草園到三味書屋》中，我們小時候要背誦的「不必說

那碧綠的菜畦，光滑的石井欄，高大的皂莢樹，紫紅的桑椹……」嗎？也許你不知道，那碧綠的菜畦裡種植的綠葉蔬菜對跑步的人來說，在補鈣方面有著不小的貢獻，補鈣不能只想到常被提及的豆腐、豆皮、牛奶和優酪乳。

幾乎所有綠葉蔬菜都是很好的鈣、鉀和鎂的來源，特別是青江菜、小白菜和菠菜，含鈣量相當高。舉個例子來對比，每 100 公克全脂牛奶中的鈣、鉀、鎂的含量分別是 104、109 和 11（單位：毫克），而菠菜為 73、220 和 58，青江菜更是高達 157、153 和 27。有些人會說菠菜有草酸，會妨礙鈣的吸收。不要緊，先把菠菜用水汆燙一下，一半的草酸就沒了。

綠葉蔬菜中還含有維生素 K。我們知道維生素 D 可以幫助鈣的吸收，但是骨質的生成過程中，最重要的骨鈣素卻要維生素 K 來幫助完成。蛋黃、動物肝臟和豆製品中富含維生素 K。我們可以少吃或不吃動物肝臟，但可以多吃更健康的綠葉蔬菜和豆製品。

早餐吃什麼？

為了減重，很多人採取的方法是不吃晚餐，甚至有些人早餐也不吃，這就不好了。早餐提供人的能量應占一天總能量的 30%，早晨人體的血糖本身就

很低，不吃早餐就會精神萎靡而降低工作效率，而打亂人體的生理活動規律，更會引發胃腸道疾病。

早餐不用吃得太複雜，典型中式早餐如豆漿（或豆奶）、包子、茶葉蛋等，建議菜包、肉包各來一個，再加上一顆茶葉蛋，一杯豆漿（或豆奶），那麼蛋白質、碳水化合物就足夠了。典型的西式早餐像是牛奶、三明治和柳丁等，三明治裡不僅要有火腿還可以加上煎蛋。

用香蕉為賽程加油

上海的跑步聖地——世紀公園，有個 7 號門，跑步的人經常到那附近一家便利商店買飲料補充水分。這家店裡還可以買到香蕉，5 元一根（編按：這裡指人民幣，換算成台幣約 22 元。）價錢有點貴吧？但對跑步者來說卻是很棒的加油補品。在運動

中，香蕉可以為我們補充能量，適合在訓練或比賽時候吃，它含有的葡萄糖可以很快轉化為能量，而且香蕉可以在很長時間內維持血糖濃度。

現在馬拉松賽事都會在補給站提供香蕉。日本東京馬拉松為參加比賽的運動員供應專用的運動香蕉，這種香蕉來自菲律賓，果肉和外皮一樣呈黃色，含有的美味檸檬酸是普通香蕉的1.5 倍，酸酸甜甜，口感更好。

喝杯咖啡，增加活力

跑前 45 分鐘，喝一杯咖啡，可以為身體增加活力。咖啡因能夠促進身體代謝，當你疲乏時喝上一杯咖啡，它特有的香醇會讓

你精神振奮。咖啡因能促使人體中樞神經興奮，增強大腦皮質的興奮過程，提神益思。咖啡豆在烘焙的過程中會產生抗氧化劑──綠原酸內酯，可以改善大腦功能。當然，咖啡不能喝過量，比如一天超過四杯，這會破壞鈣平衡，降低骨質密度，也會讓你興奮過度而不能很好地入睡。

在馬拉松比賽中，有些人喜歡含有咖啡因的能量果膠，咖啡因提神醒腦，提高反應時間，可以幫助跑者成功越過終點。但是不能依賴咖啡因來支撐著跑完全程，它只能輔助跑者處於興奮狀態，能量的攝取主要還是來自於碳水化合物和脂肪。

可以適量喝酒嗎？

跑步的人當然能喝酒了，但是喝多了千萬不要去跑步。高酒精度的白酒，哪怕是再好的茅台或五糧液（編按：中國富盛名的白酒），跑步前後都不建議飲用。平常最好還是喝點紅酒或者啤酒，當然也不要貪杯喔！

紅酒和啤酒相比之下，能量要少很多。3 兩紅酒（編按：約 150 毫升）的能量為 120 千卡，而 340 毫升啤酒的能量為 156 千卡。紅酒含有一種叫白藜蘆醇的抗氧化劑，啤酒其實也含有黃酮類的抗氧化劑，每天適量喝上一點，對心血管還是有益處的。

跑完步後，不建議喝酒，建議大家來杯巧克力牛奶，更讓人舒服，也能讓肌肉更快地恢復。

喝水要喝對方法

想要知道你在跑步中身體失去了多少水分，跑前跑後秤體重就可以了。一般來說，運動中出汗身體會失去大約 2% 的水分，跑步是高強度運動，出汗失去的水分就要及時補充，否則會導致心跳加快，血液黏稠，對身心不利；但是

在長距離訓練和比賽中，補水過多又會增加心臟負荷，導致低鈉血症，會出現眩暈、昏厥等症狀，甚至危及生命。

具體的喝水量，按每個人的情況和當天的跑量來決定。跑得多，當然補水也要多一些。跑前 30 分鐘，可以喝 500 毫升左右，不要一口氣喝完，而是分多次喝到完。如果你計畫長距離訓練，可以多喝稀釋後的運動飲料。一般在開跑 30 分鐘內不需要喝水，但是開跑以後則是 15 ～ 30 分鐘要補水一次，每次125 ～ 250 毫升即可。在炎熱的夏天，如果跑步超過 10 公里，最好每 3 公里補水一次，能準備機能性飲料最好。跑完後，只要你出了汗，至少要補充 500毫升水分，如果你跑了 1 小時以上，要喝更多的水，直到你的尿液由深轉淺。

若運動量大，特別是夏天，除了補水外，還要有意識地補充鹽、蛋白質和維生素。一般大眾一天補充 5 ～ 6 公克鹽就夠了，但是對於跑步的人來說是不夠的。

在跑量大的運動後，優質的蛋白粉可以加快肌肉的修復。隨身帶著含各種維生素的發泡錠或者固體飲料（編按：指具有固體形狀或粉狀，水分含量低於5%，加水沖泡溶解後轉化成液態飲料的固態物質。）是個好習慣，方便及時補給維生素。

運動飲料

運動飲料的種類很多，但是不要喝帶氣泡的。賽前 2 小時可以飲用含糖飲料，但是訓練和比賽途中盡量喝礦泉水，長距離或長時間的後半程可以喝機能性飲料。

含糖的飲料有時會導致肌肉發軟，使興奮度下降，爆發力就會受影響。不過普通跑步者不必太在意這些，如果是短時間的跑步，運動飲料用來漱口，然後吐掉，也能增強跑步時的身體動能。

不同品牌的運動飲料所含成分不同，其功用也有所區別。紅牛（RedBull）名氣夠大，250 毫升的紅牛中都有哪些成分？能量達 233 千焦，牛磺酸 125毫克，咖啡因 50 毫克，離胺酸 50 毫克，肌醇 50 毫克，菸鹼醯胺 10 毫克，

維生素 B6 和 B12 分別為 1 毫克和 3 微克。提神醒腦的紅牛，可以跑前喝，或者在衝刺前喝。

在 100 毫升的佳得樂（編按：Gatorade，美國品牌運動飲料，台灣譯為開特力，但目前市面上已非常少見。）中，能量達 102 千焦，不含蛋白質和脂肪，碳水化合物 6 公克，鈉和鉀分別為 43 毫克和 13 毫克，可溶固形物 ≧ 6%。可以看出這是我們在跑步中較好的補水及補充能量的機能性飲料。

在 100 毫升脈動（編按：中國出產的維生素飲料）中，能量為 88 千焦，維生素 C 有 25 ～ 50 毫克，菸鹼醯胺（維生素 B3）0.33 ～ 1 毫克，泛酸（維生素 B5）有 0.2 ～ 0.4 毫克，維生素 B 有 60.04 ～ 0.12 毫克，維生素 B1 有 20.04 ～ 0.18 毫克。其在維生素的補充方面比紅牛和佳得樂來得充足。

自製運動飲料

能不能自己調配運動飲料呢？當然可以，來試試專業長跑隊員自己調製運動飲料的配方吧！

最簡單的自製運動飲料需要純淨水（編按：簡稱純水或淨水）500 毫升，食鹽 4 ～ 5 公克，葡萄糖 20 公克，蜂蜜 15 ～ 25 公克。高級一點的可以再加入枸杞 3 ～ 5 顆、西洋參 3 ～ 5 片、維生素 B12 有 6 片，葉酸 3 片，夏天可以再加上五味子、麥門冬煮的水。

再高級一點的，可以加入升血靈（編按：中國用以補氣養血的藥物）1 包，維生素 C 和維生素 E 各 1 粒，其他如蜂蜜、葡萄糖、菓珍（編按：中國的一種沖泡式飲品）、鹽等適量。其中升血靈是中成藥（編按：簡言之是以中藥材為原料，提煉配製加工而成的各種劑型藥品。），主要成分為皂礬、黃耆、山楂、新阿膠（編按：中國用作補氣養血的中藥）和大棗，主要用來補氣養血。

無論運動飲料的成分如何，蜂蜜和鹽是必需品，另外需要注意，跑量少的人葉酸要少加。

運動時，人體內的肌糖原會被大量的消耗，引起肌肉對血糖攝取的增加，從而導致人體的血糖下降。這時如果不能及時補充糖分，工作肌肉會因此而乏力。人體中大腦的供能 90% 以上來自血糖，血糖的下降將會使大腦對運動的調節能力減弱，造成運動時反應遲鈍，產生疲勞感。蜂蜜是由單醣類的葡萄糖和果糖構成，無須消化就可以被人體直接吸收，可以高效快速地補充跑步所需的能量。

鹽分更是必需品，能補充跑步時隨汗水排出的無機鹽，主要是彌補鈉、鉀等電解質的流失。鈉的補充可以避免發生低鈉血症，能有效減少尿液排出，恢復和保持體內水分，還可促進糖和水分在腸道的吸收。鉀是細胞內液中的主要離子，對維持細胞內液的容量有重要作用。鉀的缺乏會減少肌肉的興奮性，使肌肉無法順利收縮和放鬆，容易產生倦怠。

跑步訓練營養指南

在跑步的訓練過程中，及時補充各種營養物質，可以讓我們跑得更健康。除了自己準備香蕉、餅乾、葡萄乾等小點心外，各種能量棒、能量果膠、咀嚼片、固體飲料等，可以讓我們少操心營養補充的事，而更專注於跑步本身。

跑步時，圍上你的腰包，可以放手機、零錢，更主要是可以帶能量棒、能量果膠等，隨時隨地補充能量和水分。

能量棒和能量果膠

跑步的日常補給食物可以是穀物、麵條和麵包等。在跑步訓練中，最方便的是能量棒，跑前 30 分鐘可以吃一根，每 2 小時可以吃 1～2 根，跑完步後可以再吃一根。

跑步訓練，尤其是馬拉松運動的人員，每天需要的能量約為 4000 千卡。在訓練期間的能量供應比例為碳水化合物占 60%，蛋白質占 15% ～ 20%，脂肪占 15% ～ 20%（單元不飽和脂肪酸和多元不飽和脂肪酸）。選擇碳水化合物時要選擇含有單醣、雙醣和低聚醣的食物。單醣可以很快地為身體補充能量，而雙醣和低聚醣可以持續使身體釋放能量。

能量棒含有的動植物蛋白使身體、穀物、維生素等可以及時補充長時間、長距離訓練中的能量需求。不僅含有單醣、雙醣，也含有低聚醣，能夠做到能量的接續和提升耐力。

一條能量果膠，含有 70% ～ 80% 的麥芽糖和 20% ～ 30% 的果糖，這個比例和天然的水果蔬菜中的比例基本一致。麥芽糖是碳水化合物的一種，能量較高，適合快速補給損耗。

能量果膠裡含有的基礎胺基酸，有對抗肌肉疲勞的功效。組胺酸可以抵抗代謝產生的痠痛，支鏈胺基酸、白胺酸、纈氨酸和異白胺酸能共同作用合成組織蛋白質，在運動後修復肌肉產生的微小損傷。

長跑過程中如果補充了能量果膠，一般無須再吃鹽丸補充電解質了。能量果膠裡含有的鈉離子、鉀離子等，和人體內的比例是一致的，可以及時補充因流汗流失的鹽分，維持體內電解質的平衡。

含有咖啡因的能量果膠，會讓人興奮起來，特別是在最後的衝刺時刻；但是如果你的跑馬水準一般，就不要嘗試了。終點前的衝刺還是讓實力型跑馬選手去做，畢竟增加心臟負擔，對普通人來說會有風險。

蛋白質

耐力型的長距離跑步運動，會對血紅素產生氧化反應和機械性損傷，所以要及時補充優質蛋

白質，否則會發生運動性血紅素下降，甚至發生運動性貧血。在跑步中，會大量消耗肌肉中含量最多的游離胺基酸——麩醯胺酸，使身體抗氧化能力和免疫機能降低。

生活中補充蛋白質的常見食材是牛奶、優酪乳、魚、蛋清（蛋白）等；在訓練中則可以使用最快捷方便的乳清蛋白來補充蛋白質，比如含量80%以上的濃縮乳清蛋白，提升胺基酸吸收利用的活性肽等。每天食用量為30公克，用180毫升的溫水，加入脫脂牛奶，或者拌入食品中食用；但是不能用開水沖調，避免破壞營養。

維生素

人體缺乏維生素，會引起身體活動能力減弱，抵抗力下降，運動能力也會隨之降低。跑步的人在運動中代謝旺盛，激素水準增高，排汗增加，因而對維生素的需要量也增加，尤其對維生素B1、維生素C等水溶性維生素的需求量較大。

日常中的維生素補充可以從水果和蔬菜中獲取。運動中攝取維生素的最簡單方法是服用相應的維生素咀嚼片，特別對於跑步運動量大的人，可以及時補充因大量流汗而流失的維生素。

維生素咀嚼片中含有豐富的維生素，如維生素A、維生素B1、維生素B2、維生素C、維生素E、菸鹼酸（編按：即維生素B3）、葉酸、維生素D、維生素B12等。服用方法為每日一次，每次一片。

水和飲料

跑步運動，特別是長距離和長時間跑步，出汗量很大。汗水的主要成分是水、鈉、鉀、氯、鈣等，隨著水分的流失，同時也失去了很多的鹽分，身體調節能力也會隨之降低。如果只是單純的大量補水會導致血液中鈉的濃度降低，引起水中毒，也就是低鈉血症，會讓人腹脹、噁心，嚴重時會導致腦部疾病。

在跑步時，我更推薦飲用機能性運動飲料，其在滿足補水的同時，也補充了鈉、鉀、鐵、鈣、鋅等電解質。前面提到過，我們也可以自製運動飲料，比如在水中加入適量鹽、蜂蜜等。

固體飲料是新型的補充電解質和能量的飲料，可以抵禦疲勞和預防肌肉損傷。固體飲料一般含有葡萄糖、檸檬酸、氯化鈉、氯化鉀、牛磺酸、菸鹼酸、維生素 C、維生素 B1、維生素 B6 等。每袋固體飲料，用 300 毫升溫水或冷水沖飲。在馬拉松比賽前 30 分鐘沖飲一杯，可以促進身體血液循環，保證各項機能達到最佳。比賽中或大運動量訓練後，可以沖飲一袋，幫助恢復體力，減緩疲勞感和痠痛感。

chapter 3

跑前熱身，跑後拉伸
WARMING UP AND STRETCHING

必勝的信念必須是準備好的，否則是沒有用的。

——朱瑪‧依坎加

決定跑姿的關鍵

正確的站姿和走姿

我們在談如何跑步時，都説跑姿很重要，特別是攝影師長槍短炮對著你的時候，誰不想留個英姿勃發的形象呢？但在談跑姿前，我覺得有必要先説一説站姿和走姿。因為平常的站姿和走姿決定了跑姿，看看你在等公車、等捷運時候的站姿，有沒有彎腰駝背？有沒有雙手插在口袋裡隨興而立？在平常生活中，養成正確的站姿是我們跑步的必修課。

先看下半身，請雙腳打開與肩同寬，腳尖朝前。檢查一下腳尖是否內八或外八？兩腳之間是否可以容下兩個拳頭？

再看上半身，肩膀放鬆，挺胸，直起背部，眼睛看正前方。看看你是否聳肩？是否塌腰（編按：腰鬆軟、放鬆的狀態）？

正確站姿的第三個要點，就是在擺出你的跑步姿勢時，骨盆要前傾，就像提起來一樣。如果在跑步過程中感覺腰挺不起來，可以雙手叉在腰間，不要將拇指在後、分開叉住腰，而是拇指向前使全手掌貼在腰部，這樣就可以把骨盆頂起來。

正確站好後，可以開始跑步了嗎？不，讓我們來看看正確的走路姿勢。日常生活中，應該有意識地養成正確的走路姿勢，不要彎著腰，不要手插口袋，視線要平視前方。弓著背和後仰著走路，都不是正確的姿勢，也有損我們的高大形象。雙臂擺動時，不是往前甩，而是向後擺，這一點非常重要。擺動手臂時，要活動起肩胛骨來帶動骨盆活動，產生推進的動力。手肘不要甩來甩去，手擺動到後腰時，上臂、前臂和腰背，要形成一個三角形。

關注每個細節，學會最佳跑步姿勢

專業運動員對於跑步的每一個細節都很關注，務求最省力。業餘跑者一開始就要形成正確的跑步姿勢，否則以後很難改過來。視線要保持水平向前；擺動手臂時，手肘往後移動與腰部呈一個三角形；背脊挺直，腹肌略收緊，跑姿會更漂亮；骨盆讓你在大幅度擺腿時，能保證雙腿的大步邁出；腳中掌或腳前

掌落地，則能夠讓你迅速移動。

下圖是尼可拉斯‧羅曼諾夫（Dr. Nicholas Romanov）《跑步，該怎麼跑？》中姿勢跑法的跑步影像，可以看到除了陰影的地方，其他絕大部分是過度姿勢。正確的跑姿，可以讓人去掉不必要的動作以及腦子裡冒出來的各種念頭，不會浪費你的跑步能量，而只專注於跑步這件事本身。

業餘的跑者，也可以跑得漂亮又省力，只要注意以下三個重要環節即可：手臂是否在腰間前後擺動？上半身是否挺直或微微前傾？腳是否在身體正下方落地？

跑著跑著，特別是跑到後面精疲力盡時，就會彎腰駝背。不要緊，把雙手舉起來，肩胛骨幾個上下來回，就像拉動滑輪那樣，就能把你的身體拉直。

當跑步途中腰部鬆軟下來時，骨盆就會後傾，腳便無法在身體的正下方落地。這樣跑步會很費力，身體沒有產生動力反而拖累了跑步。可以將雙手放在腰間，讓骨盆前傾，就能讓腰重新直起來，讓軀幹產生前進的動力。

如果你加速乏力，可以敲打臀部，產生刺激力量，讓大腿前進更有力。

很多人跑步時的上身特別是肩部過於緊張，反映在雙臂的擺動上，就會有聳肩的傾向。深呼吸，放鬆肩膀，甩甩手臂、手腕，你的緊張感就會從指尖釋放，再把力量重新轉移到擺臂，但一定要放鬆肩部。

使用腳跟或腳掌落地？

　　當你在路上跑步時，無論是清晨還是黑夜裡，你可曾仔細聆聽過腳落地的聲音？是在紅葉滿地的秋風中輕盈跑過，還是「達達達」沉重地踩踏著柏油路面呢？

　　大部分的初跑者，都是以腳後跟落地。跑步中，當我們抬腿時，身體重心相對而言是在腿後面，這時如果腳跟落地，等於從抬腿到腳落地都是把身體重心落在雙腿之後，腳跟落地就像剎車一樣，還要再過度到腳中掌和腳前掌，才能推動身體前進。這不僅影響了跑步的速度，還會對膝蓋造成更大的衝擊。

　　專業的運動員旋風般跑過，用的是前腳掌落地。我們想要跑得更快，就要以中腳掌或前腳掌落地，這樣身體的重心會和腳呈一直線，再配合腳掌的順勢扒地，加上臀部與腿後肌群向後帶的動作，就能把地面的阻力轉換為推進的力量，帶動身體前進。初期嘗試著中前掌著地跑時，小腿會有僵硬痠痛的感覺，這是因為雖然來自地面的衝擊力被削弱了，但是還會有一部分被小腿肌肉吸收。不過，這恰恰又是小腿肌肉的適應性訓練，等小腿不再痠痛，也說明你的功力變得深厚了。

用熱身喚醒你的身體

　　大家還記得小學、中學上體育課時，老師都會讓我們做一些準備活動嗎？這就是熱身。一個完整的跑步訓練，要包括以下內容：熱身（準備活動）、訓練、放鬆跑和拉伸按摩。

　　跑前的熱身，一定要把肢體的主要關節都活動開，包括頸部、肩關節、胯關節、膝關節、踝關節等。

　　熱身的目的是為了讓我們的身體在劇烈運動之前，先進行一些較輕運動量的活動，舒展肢體，提高隨後激烈運動的效率和安全。最好要做到身體微微出汗。這時我們可以感到心率提高，呼吸頻率增加，肌肉開始升溫。這樣就能增加血流量，運送充足的氧氣和營養物質給肌肉。

　　但在每一次跑步前，不要先開始靜態拉伸，特別是冬天，因為你的肌肉和

骨骼還沒有活動開，硬拉反而效果不好。可以嘗試著低配速跑個 400～800 公尺，再做靜態拉伸和動態的準備活動（小步跑、後蹬跑、高抬腿等）。如果是比賽前，更要先慢跑再拉伸。跑前的動態拉伸，是把需要活動開的關節從小幅度的慢速運動過度到大幅度的快速運動。這樣熱身到位，啟動心肺能力，起跑後就可以很快進入競技狀態。

熱身運動

熱身運動共有以下 7 個步驟動作，下一頁將為大家介紹並示範。

STEP 1 **頸部練習**：將頸部後仰、低頭、左傾、右傾，再順時針、逆時針轉動頭部。

STEP 2 **肩部環繞**：雙腳與肩同寬，腹部需用力收緊，雙肩分別向後、向前環繞。

STEP 3 **腰胯部練習**：雙腳分開略比肩寬，雙手平舉至胸部，以肩帶腰向左右兩邊後側轉動腰部。胯部練習則為手放在胯骨上，挺直、腹部收緊，利用腰胯力量使胯部前後左右擺動。

STEP 4 **扭膝旋轉**：兩腿併攏，屈膝半蹲，兩手扶膝，輕輕轉動膝部，逆時針與順時針各自轉動或交替轉動。注意動作不要過快、過猛。

STEP 5 **腳尖環繞**：身體直立，抬起右腳，腳尖著地，順時針、逆時針環繞。再換左腳環繞活動。

STEP 6 **彎腰下壓和側壓腿**：雙腿併攏或分開，彎腰以胸部下壓，盡量使手觸地，保持10～20秒。分開兩腿，雙手分別觸摸同側腳部，保持10～20秒。

STEP 7 **全蹲伸展大腿內側**：單腿屈膝下蹲，另一腿伸直，伸展大腿內側，保持10～20秒，兩腿輪流操作。

頸部練習　STEP 1

　　跑步前，拉伸放鬆頸後的肌肉，使你在跑步時頭部保持在適當的位置，能讓呼吸更為順暢，也能改善上肢的擺動。頸部動作包括後仰、低頭、左傾、右傾，再順時針、逆時針轉動頭部。

STEP 2　肩部環繞

　　直立，雙腿分開與肩同寬，手臂自然下垂或者彎曲手臂把手虛放肩上，腹部用力收緊，利用肩背肌群力量，以肩胛骨為中心，雙肩分別向後、向前環繞。

腰胯部練習　STEP 3

　　直立，雙腿分開略比肩寬，雙手平舉至胸部，以肩帶腰向後側轉動腰部，左右擺動。胯部練習時，手放在胯骨上，上身正直，利用腰胯力量使胯部前後左右擺動，注意腹部收緊。

STEP 4　扭膝旋轉

　　兩腿併攏，屈膝半蹲，兩手扶膝，輕輕轉動膝部，從左至右，再從右至左，各自轉動或交替轉動。注意動作不要過快、過猛。

腳尖環繞　　STEP 5

　　直立，抬起右腳，腳尖著地，進行順時針、逆時針環繞。再換左腳環繞活動。

STEP 6　彎腰下壓和側壓腿

　　雙腿併攏或分開，彎腰以胸部下壓，盡量使手觸地，保持10～20秒。隨後可以分開兩腿，雙手分別觸摸同側腳部，保持10～20秒。

STEP 7 全蹲伸展大腿內側

單腿屈膝下蹲，另一腿伸直，使大腿內側
伸展，保持 10 ～ 20 秒，換另一方向操作。

跑後冷身和拉伸按摩

大強度的跑步訓練後要低配速慢跑 2～4 公里放鬆，就是冷身的緩和運動。如果在操場上，最好反向跑，以排除肌肉堆積的乳酸。切忌在跑步後馬上坐下休息。因為運動時人的心跳加快，血液流動加速，肌肉對小靜脈節奏性的擠壓，使血液快速回流心臟。若突然停止運動，會導致血壓降低，頭暈眼花。

如果沒有安排冷身的時間，那在跑的過程中最後可以慢慢降速，降到接近於走路時每小時 5 公里的速度，再慢走約 5 分鐘。等心率降到 110 次／分鐘以內，再開始靜態拉伸，同伴間也可相互按摩。

跑步後的肌肉拉伸非常重要，包括手臂、大腿後部、大腿內側、小腿和背部等。拉伸能夠有效地讓肌肉放鬆，減輕肌肉的僵硬，可以增強血液微循環，讓養分充分到達需要補充的組織，加快代謝物的排除，也能夠促進肌肉恢復，避免次日肌肉在疲勞狀態下繼續訓練。

拉伸分為自我主動拉伸和協助被動拉伸。在沒有同伴幫助時，我們必須學會自我拉伸。拉伸時動作不要過猛，感到有輕微的拉脹感即可，絕不可有疼痛的感覺產生。拉伸動作保持在 10～20 秒為宜，每側重複練習。

跑後拉伸運動

跑後拉伸運動共有以下 9 個步驟動作，下一頁將為大家介紹並示範。

STEP 1 **手臂拉伸**：包含拉伸三角肌和肱三頭肌。

STEP 2 **胸肩擴展**：雙腿分開，上身往下傾，雙臂往後抬舉至背部上方，兩手手指交叉，掌心向上，用力往後伸展，保持10～20秒。

STEP 3 **腹肌拉伸**：臉朝下趴著，手掌撐地。用手壓地面，抬頭，提胸，雙腿緊貼地面。伸直手臂（但不緊繃），向上抬，保持10～20秒。

STEP 4 **股四頭肌拉伸**：先以站立式將右腿向後收起，右手抓住右腳緩慢拉向臀部。接著挺胸、弓箭步，用手握住非屈膝的一腳，使其小腿曲直於地面。

STEP 5～7 **大腿內側內收肌群拉伸、臀大肌拉伸、膕旁肌拉伸。**

STEP 8 **髂脛束拉伸**：左腳放在右腳右側（交叉於膝部），雙腳併攏。彎腰，

右腿伸直，左膝稍屈，雙手盡量勾向右腳跟，保持 15～20 秒。換邊重複。

STEP 9 腳底拉伸：兩腳一前一後下蹲，後面的腳豎直腳掌，膝蓋下壓以拉伸腳底，保持 10～20 秒。左右交替。

手臂拉伸　STEP **1**

跑完步後，很多人只注意腿部的拉伸而忽視了手臂拉伸。

第 1 個動作：拉伸三角肌，肩部要下沉，不要聳肩；伸直右手臂，盡量向左肩部靠近，肩部不要動；左手臂放在右手臂的肘關節後方。換另一方向進行。

第 2 個動作：拉伸肱三頭肌，雙臂上舉，手心相對，然後以肘部為中心彎曲。首先左手手掌扶住右手肘部，往左方拉伸，保持 10～20 秒。身體可微微向右轉，眼睛看右下方，還能拉伸腰背部。然後換右手手掌扶住左手肘部，往右方拉伸，同樣保持 10～20 秒。

胸肩擴展　　STEP 2

　　雙腿分開，上身往下傾，雙臂往後抬舉至背部上方，兩手手指交叉，掌心向上，用力往後伸展，保持 10 ～ 20 秒。

STEP 3　　腹肌拉伸

　　臉朝下趴著，手掌撐地。用手壓地面，抬頭，提胸，雙腿緊貼地面。伸直手臂（但不緊繃），向上抬，保持 10 ～ 20 秒。在瑜伽動作中，這叫眼鏡蛇式，經常做該動作，可以使脊椎富有彈性，還能改善各種背痛，調整各種機能失調。

股四頭肌拉伸　STEP4

　　股四頭肌沿著大腿骨前側生長，是除了臀部肌群外最大的肌群，是我們跑步時最重要的肌群之一，是深蹲、彈跳的最大出力來源，更是保護膝蓋不受傷的重要肌群。

　　第 1 個動作：將右腿向後收起，右手抓住右腳，緩緩拉向臀部，收緊膝關節，直到大腿前側有拉伸的感覺。繃緊你的腹部肌肉。背部不要弓著。保持 15 ～ 20 秒，換另一腿重複。

　　第 2 個動作：弓箭步，上身挺直。左腿在前，屈膝 90 度，右小腿屈直於地面，右手盡可能握住右腳，左手放在左腿上以保持平衡。

內收肌群，即腹股溝部位開始的肌群，拉開後對加大步幅很有作用。這裡介紹坐姿拉伸。雙腳腳底在身前相互貼緊，膝蓋向外撐並盡量靠近地面，雙手抓住雙腳踝或腳背，用手肘壓膝蓋，盡量壓平雙腿，以拉伸大腿內側腹股溝。保持這個姿勢 10 ～ 20 秒，放鬆，然後重複 2 ～ 3 次。

臀大肌拉伸　STEP 6

　　站姿拉伸：右腿彎曲抬起，放在左膝上。下蹲後坐，右腿保持水平。隨著下坐，懸空的右腿臀部肌肉會有拉脹感。

　　坐姿拉伸：右腿外展或伸直，將左腳放到右腿外側。保持左腳與地面的接觸，用胳膊將左腿用力向胸口方向壓抱，臀部後側會感到拉脹。換另一腿重複。

STEP 7 膕旁肌拉伸

單腿膕旁肌拉伸：坐在地上，右腿在體前伸直，左腿彎曲收進腹股溝，外側貼近地面，上背部挺直，從胯部（即下背部）開始前傾，雙手盡量抓住右腳底。如果一開始柔軟度沒那麼好，可抓住腳踝或小腿。上背部和腿部的外展肌也會有拉脹感。保持這個姿勢 30 秒。換另一腿重複。

雙腿膕旁肌拉伸：坐在地上，雙腿同時伸直，雙手盡量向前摸，抓住小腿、腳踝或腳底。下背部向前彎曲，而不是上背部。

髂脛束拉伸　STEP 8

髂脛束是沿著你的腰骨、大腿外側一帶的肌肉。緊繃的髂脛束可能導致膝蓋外側或者腰骨的疼痛。

左腳放在右腳右側（交叉於膝部），雙腳併攏一起。彎腰，右腿伸直，左膝稍屈，雙手盡量勾向右腳跟，可以感受到右腿髂脛束的拉脹感。保持 15 ～ 20 秒。換反方向重複。

STEP 9　腳底拉伸

腳底最令人痛苦的莫過於筋膜炎，而腳底的肌肉和肌腱也恰恰是我們不常拉伸的部位。除了用提踵（編按：小腿上提）加強腳底耐力外，每次跑完步，進行腳底拉伸能有效防止筋膜炎。兩腳一前一後下蹲，後面的腳豎直腳掌，膝蓋下壓以拉伸腳底，保持 10 ～ 20 秒。左右交替。

chapter 4

從快走到征服10公里
WALK FAST AT THE BEGINING

我認為，最好開始容易些，等你跑得順利輕鬆再越來越快。

——亨利·羅諾

跑步從快走開始

　　對於多年不跑步的人來說，一開始跑步都是對自己沒有自信的。我能跑 5 公里、10 公里？我能跑馬拉松？看著那些在公園裡一本正經跑步的人，你的心態，更多的是對跑步的恐懼吧？不用擔心，只要你願意，可以從 1 公里開始慢跑，跑不動，那就從快走開始。慢慢地，你就會喜歡上這個不需要去健身房花很多錢就能開始的運動。

　　作為一個成年人，如果你好多年不跑步了，如果你體重很重，那就從快走開始。快走時膝關節承受的壓力不大，還可以強化肌肉。等你建立起下肢的力量，肌耐力和心肺能力都得到一定提升後，再開始慢跑。很多初跑者覺得跑上幾公里好像也不是很累，但實際上肌肉、骨骼、韌帶和肌腱等，還不像心肺一樣很快地適應跑步，很可能不久後會有各種傷病，比如膝蓋疼，就會找上你，讓你沒有勇氣繼續跑下去。

　　每天從快走 10 分鐘開始，以後要求做到至少快走 40 分鐘，達到微出汗。強度是微汗、微喘，並且可以說話的程度。快走不是走快點就可以。為了以後養成正確的跑步姿勢，快走訓練要在平地進行。快走時挺胸抬頭，展開雙肩，肩部與臀部保持直線並與地面垂直。自然擺臂，幅度不要太大。步伐大、速度快，腰部重心落在踏出的腳上。腳跟落地後重心轉到前腳掌，再抬起另一腳。

　　時速在 3 公里以內稱作散步，3.6 公里叫慢行，4.5 公里是自然步行，5.5 公里以上才是快步走。因此，快步行走 1 公里左右路程，要在 10 分鐘以內完成（老年人、體弱者可略慢），才能滿足中小強度運動的要求，才能對心肺起到良好的刺激。

　　快走結合慢跑進行，一週進行 3 ～ 4 次即可。特別是體重重的人，要有耐心地完成 5 ～ 6 週的快走和慢跑結合的運動，為以後跑步打下堅實的基礎。不要覺得走了一兩個星期就覺得太慢、很無聊，而急於開始持續跑步。快走與慢跑運動可以參考下頁訓練表實行。當你慢跑時氣喘吁吁而不能正常交談，說明你跑快了，要慢下來。

快走與慢跑運動訓練內容

時間	內容
第1週	慢跑1分鐘，快走2分鐘，8次，24分鐘
第2週	慢跑2分鐘，快走2分鐘，7次，28分鐘
第3週	慢跑3分鐘，快走2分鐘，7次，35分鐘
第4週	慢跑3分鐘，快走1分鐘，9次，36分鐘
第5週	慢跑5分鐘，快走2分鐘，6次，42分鐘
第6週	慢跑8分鐘，快走2分鐘，5次，50分鐘

跑完 5 公里——強化跑步實力的初階訓練

從 1 公里跑起

《莊子》中〈逍遙遊〉說：「不積跬步，無以至千里。」，你的全程馬拉松 42.195 公里，是從你的第一公里開始的；但是跑完全程馬拉松，不是單純地以跑完 1 公里的時間來乘以 42.195。

跑步最好從快走開始，前面介紹的快走慢跑法，當你堅持到第 6 週時，已經可以很好地慢跑完成 5 公里的距離了。如果你實在無法堅持有規律的慢跑結合快走的方法，建議嘗試從慢跑 1 公里開始，不要一開始就跑 3 公里或 5 公里，那樣很快會遇到傷病。慢跑 1 公里，隔天跑，一週 3 次，持續 2～3 週。如果跑不動就開始走，不拘泥跑多長時間、走多長時間，但用於休息的走路時間要短，不氣喘以後就可以開始下一輪慢跑。

用小碎步慢跑，手臂擺動幅度小一些，不要抬高膝關節。把落地重心放在腳掌中前部，不要有走路時腳跟到腳趾的過度。多體會這種緩慢而輕盈的步伐，不要因跑得慢而失落，慢跑可以幫助你養成良好的跑步習慣和跑步姿勢。當你習慣腳跟落地的跑法，以後便難改過來，也很難在速度上有大的突破。

放鬆而舒適地慢跑你的第一公里，如果覺得跑累了，可以走一走當作休息。2 週後，你的心肺應該已經完全適應慢跑。第 3 週可以開始跑跑走走完成 2 公里。第 4 週嘗試慢跑加走路完成 3 公里。第 5 週慢跑加走路完成 4 公里。第 6 週嘗試慢跑 1 公里以上，走路休息，然後再慢跑 1 公里，走路休息，直到完成 5 公里。

　　一般人剛開始跑 5 公里的距離時，大約在 2 公里左右會開始出汗，覺得心跳加快、胸悶而不想跑，這是因為你的心肺還沒有適應。跑慢些，堅持過去你就會覺得呼吸順暢、腳步有力了。只要跑起來，你的身體就會輕鬆起來，整個世界在腳下都是輕盈的。

2015年3月的中國蘇州馬拉松，來自JR跑團的230「兔子」正邁著輕盈的步伐慢跑著。

強化你的跑步實力

2013 年 5 月 5 日，在美國小鎮奧馬哈（Omaha），億萬富翁、股神華倫‧巴菲特（Warren Buffett）在淅淅瀝瀝的小雨中舉行了一場 5 公里跑步比賽，來自 25 個國家的參賽者們和伯克希爾公司（Berkshire）的數十名高級經理一起參加了這次長跑比賽。巴菲特在選擇接班人的標準上，就有著長跑素質這一項。最熱門的兩位接班人，泰德‧韋斯勒（Ted Weschler）的馬拉松最好成績為 3 小時 1 分鐘。陶德‧康柏斯（Todd Combs）的特長是鐵人三項全能運動，他 5 公里跑的最好成績為 22 分鐘。

跑完 5 公里花費 22 分鐘，意味著每公里配速在 4 分 24 秒，對於非專業跑者來說，這是個很不錯的成績。其實你也能跑出這樣的速度。

經過前面介紹的慢跑訓練，你已經可以輕鬆地跑完 5 公里，進行以 5 公里為目標的適度訓練，可以培養進一步的持久耐力。製訂一個持續跑 5 公里的計畫是很有必要的，可以使你為接下來的 10 公里，半程到全程馬拉松奠定堅實穩固的基礎。

很多雜誌、書籍和網站上，都可以找到 5 公里的訓練計畫。業餘跑者因為各種原因，不一定能完全按照其執行。先輕鬆地跑個 5 公里，看看自己需要多長時間跑完，在此基礎上決定自己的訓練強度。至少要進行 4 ～ 6 週的專門跑 5 公里的距離。在此過程中，同時要練習跑前熱身和跑後拉伸，實行仰臥起坐、深蹲、屈膝蹲、原地小步跑等。

並不是所有的跑步訓練都是要死要活的那種，輕鬆跑也是以後中長距離訓練中經常進行的必備科目。如果以心率衡量，是在區間 1 和區間 2 之間，也就是最大心率的 50% ～ 70%，即 90 ～ 130 次／分鐘，這也是以減肥燃脂為主要目的最好的跑步方式。

初跑者前面進行了 5 ～ 6 週的快走慢跑訓練，一般需要 30 ～ 40 分鐘跑完 5 公里，配速在 7 分鐘左右；有些基礎好的人也許只要 25 ～ 30 分鐘就跑完 5 公里，配速在 5 ～ 6 分鐘。但是無論如何，必須進行 5 週左右的專門性 5 公里訓練，來強化跑步技能，為你的雙腿注入跑速。在此過程中要有意識地

養成良好的跑步姿勢，並且進一步加強下肢，特別是膝蓋的承受能力。

最好是在體育場上開始循序漸進的 5 公里強化訓練，標準跑道一圈 400 公尺也會有助於距離計算，每週進行 3 ～ 4 次，雖然對於初跑者來說這是高難度、高強度的訓練，但只要堅持，一個月後你就會發現自己跑得更快更輕盈了。這也可以對以後更大強度的乳酸門檻跑、間歇跑等訓練有提前的認知。

在這裡順便介紹所謂的 400 公尺標準跑道。跑道一共有 8 道，實際上只有第 1 道為 400 公尺，第 2 道為 407.04 公尺，第 3 道為 415.70 公尺，第 4 道為 422.34 公尺，第 5 道為 430.03 公尺，第 6 道為 437.70 公尺，第 7 道為 445.36 公尺，第 8 道為 453.03 公尺。如果你在第 4 道跑，50 圈就是 21.1 公里，差不多一個半程馬拉松的距離。

在跑道上慢跑兩圈熱身，拉伸活動關節，然後進行 200 公尺的快速和慢速交替跑。快速跑時，速度僅比衝刺慢一些。最後慢跑 1 到 2 圈冷身，再做拉伸放鬆，結束訓練。

在體育場的標準跑道上，我正指導著學員進行跑步訓練。

專門性5公里訓練內容

時間	內容
第1週	跑8圈（3200公尺），交替進行200公尺快速跑和慢速跑
第2週	跑9圈（3600公尺），交替進行200公尺快速跑和慢速跑
第3週	跑10圈（4000公尺），交替進行200公尺快速跑和慢速跑
第4週	跑11圈（4400公尺），交替進行200公尺快速跑和慢速跑
第5週	跑12圈（4800公尺），交替進行200公尺快速跑和慢速跑

檢測你的跑步實力

　　只要你有跑完 5 公里的信心和實力，就能跑完全程馬拉松。輕鬆跑完 5 公里，是保證你在 6 小時關門時間內完成全程馬拉松 42.195 公里的第一步。如果跑完 5 公里不是特別輕鬆，那你抵達終點需要更長的時間。大多數的全程馬拉松關門時間是 6 小時，當然也有更長時間的，比如希臘雅典馬拉松是 8 小時。

　　跑完 5 公里，可以檢測你目前跑步的實力。即使你跑得不是很輕鬆，但是經過一段時間循序漸進的科學鍛鍊，製訂一個符合自己實際情況的計畫，你就能輕鬆跑完 5 公里、10 公里、半馬和全馬。

　　如果跑 5 公里不是很輕鬆，那麼你跑完第一個全程馬拉松的時間可以定在 6 小時以內；相反地，如果跑得比較輕鬆，跑第一個全程馬拉松的時間應該可以在 5 小時以內完成；但是想要在全程馬拉松跑進 4 小時，將是一場更大更強的挑戰。

　　日本馬拉松界有個青山派，他們計算跑完全程馬拉松用時的方法，是以跑完 5 公里的時間計算出每公里的平均配速，額外加上 30 秒，再乘以 42.195。在「跑吧」網站（編按：中國最大的馬拉松跑步網站平台）上有跑步計算器，

可以幫助你估算自己跑完半程或全程的時間。現在也有很多計算公式，可以幫助跑者預估自己的成績，比如 Dave Cameron，Peter Riegel（編按：中國使用的跑步計算公式），計算出來的結果相差不多。我們以跑吧（http://bbs.running8.com）的公式為準，計算你在 5 公里成績基礎上的半程馬拉松和全程馬拉松的預計成績。

　　以你跑完 5 公里、耗時 35 分鐘為例，預估完成馬拉松的時間。你的 5 公里的配速為 7 分鐘，後面會有一定程度的掉速，如果配速在 7 分 41 秒則理論上耗時 2 小時 42 分 11 秒可以跑完半馬；如果配速在 8 分 10 秒，那麼耗時 5 小時 44 分 26 秒可以跑完全程馬拉松。當然，這只是理論上的預估時間，讓跑者有個初步的概念，從 5 公里到全程馬拉松，還需要經過更多的訓練。當你進入馬拉松訓練狀態後，這一切都會改變，只要科學訓練，就能縮短跑完全程馬拉松的時間。

 「跑吧」網站計算各距離的成績與配速

距離	10公里	15公里	半程馬拉松	25公里	30公里	全程馬拉松
成績	01:12:44	01:52:44	02:42:11	03:15:16	03:57:45	05:44:26
配速	00:07:16	00:07:31	00:07:41	00:07:49	00:07:55	00:08:10

　　從上一段介紹可以看出，如果你能以 7 分鐘的配速耗時 35 分鐘，跑完 5 公里，說明你具備了在 6 小時關門時間內完成全程馬拉松的能力；如果以 6 分鐘的配速耗時 30 分鐘跑完 5 公里，說明你可以在不到 5 小時的時間跑完全程馬拉松；如果以 5 分鐘的配速耗時 25 分鐘跑完 5 公里，說明你有著 4 小時跑完全程馬拉松的潛力。

　　大部分的業餘馬拉松跑者，都能按自己的實際能力用以上 3 個成績來完成自己的全程馬拉松。要是想跑得更快，在 3 小時 30 分以內跑完全程馬拉松，則需要付出更多的時間和汗水，甚至受傷的代價。對於業餘馬拉松跑者來說，

除非你有很好的馬拉松基礎，或者有閒有錢、身體很健康，一般不建議朝 3 小時 30 分以內為目標發展。

所以，業餘馬拉松跑者跑完全程的目標可以按自己 5 公里的成績，分別訂為 6 小時、5 小時以及 4 小時，相對比較合理。不必追求更快的速度。跑步是為了更好的生活，生活可不僅僅只有跑步。

當你具備輕鬆跑完 5 公里的能力，經過訓練後就可以往 10 公里衝刺了。當然，在跑 10 公里之前，還得先跑幾次 6 公里、8 公里，接著再適應 10 公里的距離。當你開始跑 10 公里時，可以用 5 分鐘的配速進行節奏跑，你的實際能力已經比 25 分鐘跑完 5 公里強得多了，而前提是你的訓練要求也要跟著提高。

征服 10 公里──挑戰馬拉松的進階訓練

衡量跑步的水準分級

接下來，我們的目標是衝刺 10 公里，也就是 1 萬公尺。10 公里的跑步水準也是往後挑戰馬拉松的基本能力之一。網路上和微信圈流傳著一個調侃的段子，說的是 10 公里跑步水準分級，可以讓跑者清楚地知道自己的 10 公里水準在哪個程度。對照一下，看看你能不能達到運動員級的水準，或者還只是路人甲乙丙丁？被譽為「東方神鹿」的中國跑者王軍霞創下的女子世界紀錄是 29 分 31 秒 78，是首位 10 公里跑進 30 分鐘的中國女飛人。業餘跑者只要跑進 50 分鐘，達到強人級，基本上跑步水準已經不錯了，你就有可能在 2 小時內完賽半馬。

當然，健康跑步不追求速度。半程馬拉松的關門時間一般為 3 小時，大多數堅持跑步卻不追求速度的人，10 公里的跑步水準都能在 70 ～ 80 分鐘，也具備了完賽半程馬拉松的能力。

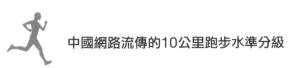 **中國網路流傳的10公里跑步水準分級**

等級	時間	等級説明
國際健將	28分19秒內	不説啥了，神！
運動健將	29分45秒內	看不到影子就飛過去了
一級運動員	30分50秒內	站在高峰，俯視一眾跑渣吧
二級運動員	34分鐘內	這個成績已經可以獲得政策照顧了
三級運動員	37分鐘內	你可以算是運動員了
神人級	40分鐘內	業餘圈子裡，你絕對是帶頭大哥了
天賦級	45分鐘內	即使你愛跑步，也有可能終身達不到這個水準
強人級	50分鐘內	跑步愛好者裡面算是很棒的了
小強級	55分鐘內	一般群眾中應該很少
跑步粉絲級	60分鐘內	付出了一定的努力，或天賦不錯
愛好者級	70分鐘內	愛好跑步的人可以達到的水準
路人級	80分鐘內	路人甲乙丙丁，正常人可以達到的水準
慢速級	90分鐘內	慢怎麼了，跑下來就該讚一個
龜速級	105分鐘內	或許有些人趕路的時候走得都比你快
蝸牛級	120分鐘內	你確定你在跑步？
無語級	120分鐘以上	好吧，你硬説你是跑步我也沒辦法

兩個月訓練——征服 10 公里

如果說跑完 5 公里可以基本了解跑完半程或全程馬拉松的能力，那麼跑完 10 公里則可以更好地反映出長跑能力。你可以跑好 10 公里，就能輕鬆跑完半程馬拉松 21.0975 公里，也就一定能夠跑完全程馬拉松 42.195 公里。

上海浦東的世紀公園，繞周邊兩圈正好是 10 公里，北京奧森公園中的南園、北園跑一個 8 字形，也正好是 10 公里，南京玄武湖和杭州西湖一周是 11 公里不到，這些都是訓練 10 公里路跑的天然好地方。我們要善於發現身邊的跑步路線，以便更好地規劃自己的訓練路線和時間。在自己的住所附近或外地出差時的酒店旅館附近，用手機地圖搜尋一個合適的跑地路徑。只要想跑，總能規劃出屬於你的 10 公里路線。

圍繞美麗的西湖跑一圈，不知不覺中，10公里就跑完了。

不需要過分地追求 10 公里的跑速，只要輕鬆跑完就好，將心率控制在 140 ～ 150。要想在 60 分鐘內跑完 10 公里，也不是特別困難；但是你要想跑得更快，比如說 10 公里跑進 50 分鐘，則需要花費更多的時間，進行更高強度的訓練。

以 2 週為一個階段，我們可以透過 2 個月（即 8 週）的訓練來征服你的第一次 10 公里路跑。

第 1 ～ 2 週

初跑 5 公里在 30 ～ 40 分鐘完成，是比較正常的跑步狀態。堅持一週跑 3 ～ 4 次，跑一天、休息一天。

第 3 ～ 4 週

通過前兩週的規律性跑步，這時速度應該會有所提升。一開始加量到 6 公里，最後加量到 7 公里，跑一天、休息一天。

第 5 ～ 6 週

這一階段開始嘗試跑 8 公里和 9 公里，跑一天、休息一天。這階段跑的距離長了，要堅持下去，忍得住跑步的寂寞。

第 7 ～ 8 週

此時，8 公里對你來說不再是困難，開始挑戰你的第一個 10 公里。前 3 公里起步要慢速跑，等心肺能力上來後，以正常的速度跑 5 公里，後面 1 公里可以盡力嘗試提速跑，最後 1 公里則逐漸把速度慢下來。

跑 10 公里，是業餘跑友經常跑步的距離。等速度水準往上提升了，可以維持這樣的跑法，即開始 2 ～ 3 公里慢跑熱身，中間 5 ～ 6 公里維持穩定的快速節奏跑，最後 1 ～ 2 公里降速冷身，讓心率回復到 120 以下。

進階的 10 公里加速跑，是為了有效提高跑者的跑步能力。以下的配速示範可以根據你的實際能力對加速跑的距離進行調整：第 1 公里 6 分 30 秒的配速，第 2 ～ 4 公里 6 分鐘的配速，第 5 公里 5 分鐘的配速，第 6 ～ 8 公里 6 分鐘的配速，第 9 ～ 10 公里 6 分 30 秒的配速。

打破自己的紀錄

當你可以輕鬆跑完 10 公里時，一定會躍躍欲試想參加一個比賽；但建議不要急著挑戰半程馬拉松，可以多參加一些小型比賽，比如李寧中國 10 公里路跑聯賽。

如果你經常跑 10 公里，可以試著打破自己的 10 公里紀錄。要在比賽中創造 PB（編按：個人最佳成績），就要開始與往常不一樣的訓練，而主要方式就是間歇跑。讓我們用比賽前 4 週的時間，將自己的路跑水準提高到最佳狀態。這 4 週時間裡，總跑量約為 120 公里，每週訓練 4 次，最長一次距離為週日的 16 公里，1 週最長距離為 36 公里。難度不是很大，關鍵是要堅持。

比賽前 4 週的訓練表

週別	週一	週二	週三	週四	週五	週六	週日
1	休息	3×1600公尺 （間歇400公尺）	5公里	6公里	休息	綜合練習	16公里
2	休息	4×1200公尺 （間歇400公尺）	5公里	9公里	休息	綜合練習	16公里
3	休息	5×1000公尺 （間歇400公尺）	5公里	9公里	休息	綜合練習	16公里
4	休息	6×400公尺 （間歇100公尺）	5公里	6公里	休息	休息	比賽日

週一

通常是安排休息。

週二

　　速度跑，先熱身 10 分鐘，然後按計畫用最快的速度進行多組快速跑，每組之間的間歇可以走路或慢跑，以降低心率並恢復體力，最後慢跑 10 分鐘進行冷身，而後拉伸。

週三

　　輕鬆的排酸跑，速度可以放慢，用可以自由說話的狀態跑步。

週四

　　節奏跑，前⅓離慢跑熱身，中間⅓用比賽速度跑，最後⅓距離放鬆跑。

週五

　　休息。

週六

　　安排力量練習、拉伸和綜合輔助訓練。力量練習包括伏地挺身、仰臥起坐，和靠牆深蹲、深蹲、提踵，以及在健身房裡進行器械的小重量多組數練習。拉伸包括靜態和動態，以有痠脹拉緊感為佳，循序漸進，千萬不能拉傷。綜合輔助練習可以包括游泳、騎車等。

週日

　　長距離跑，前 3 週為 16 公里跑，速度比 10 公里的目標速度慢 30 秒到 1 分鐘。最後 1 週的週日當然就是比賽啦！

以 10 公里跑速預測馬拉松成績

當你的跑步常態距離已經從 5 公里增加為 10 公里,那麼可視你跑 10 公里的水準,衡量跑完馬拉松要多少時間,接著根據這個預測成績,開始馬拉松的訓練。

以 7 分鐘的配速跑完 10 公里,需耗時 70 分鐘,即 1 小時 10 分鐘;以 6 分鐘的配速跑完 10 公里,需耗時 60 分鐘,即 1 個小時;以 5 分鐘的配速跑完 10 公里,需耗時 50 分鐘。我們不妨以這 10 公里的成績,來估算半程馬拉松和全程馬拉松的完成時間,並以此安排你的速度與耐力訓練。由此可見,要想跑完全馬,10 公里跑步配速最好在 7 分 30 秒以內。若配速達到 8 分鐘時,你能在 3 小時內跑完半馬,但是全馬就會被關在門外了。

 各項跑步距離的配速與成績表

10公里		半程馬拉松		全程馬拉松		
配速	成績	配速	成績	配速	成績	
8分鐘	01:20:00	8分27秒	02:58:24	8分59秒	06:18:53	6小時外
7分30秒	01:15:00	7分56秒	02:47:15	8分25秒	05:55:12	6小時內
7分鐘	01:10:00	7分11秒	02:19:01	7分51秒	05:31:31	6小時內
6分鐘	01:00:00	6分20秒	02:13:48	6分44秒	04:44:10	5小時內
5分鐘	00:50:00	5分17秒	01:51:30	5分37秒	03:56:48	4小時內

全程馬拉松要跑進 4 小時,以 10 公里跑 50 分鐘的能力,需要進行的耐力訓練和速度訓練請見下頁表格。

耐力與速度訓練表──全馬跑進 4 小時

耐力訓練		速度訓練		
模式	每公里（分鐘）	距離（公尺）	時間（分鐘）	間歇時間（分鐘）
輕鬆跑	5:50～6:10	400	1:45～1:50	2
耐力跑	5:20～5:25	800	3:40～3:50	4
乳酸門檻跑	5:00～5:15	1000	4:40～4:50	5

　　速度訓練，一定要從慢到快。比如 800 公尺的間歇跑，一開始可以從 3 分 50 秒要求自己，然後逐漸晉升到 3 分 40 秒。速度訓練後一定要測量自己的心率脈搏。簡單的方法是在跑完後立即測頸動脈，計算 10 秒鐘跳動多少次。一般人是在 28 次左右，即 1 分鐘約 168 次。訓練表的間歇時間僅作參考，你可以在心率恢復到 120 ～ 130 時開始下一組訓練。時間不要間隔太長，否則就失去了刺激心肺的作用。

　　全程馬拉松要跑進 5 小時，以 10 公里跑 60 分鐘的能力，需要進行的耐力訓練和速度訓練請見下表。

耐力與速度訓練表──全馬跑進 5 小時

耐力訓練		速度訓練		
模式	每公里（分鐘）	距離（公尺）	時間（分鐘）	間歇時間（分鐘）
輕鬆跑	7:00～7:25	400	2:05～2:15	2:20
耐力跑	6:20～6:30	800	4:25～4:35	4:50
乳酸門檻跑	6:05～6:20	1000	5:40～5:50	6:00

　　全程馬拉松要跑進 6 小時，以 10 公里跑 70 分鐘的能力，需要進行的耐力訓練和速度訓練請見下表。

耐力與速度訓練表──全馬跑進 6 小時

耐力訓練		速度訓練		
模式	每公里（分鐘）	距離（公尺）	時間（分鐘）	間歇時間（分鐘）
輕鬆跑	8:15～8:40	400	2:30～2:35	2:50
耐力跑	7:25～7:35	800	5:10～5:20	5:40
乳酸門檻跑	7:05～7:20	1000	6:35～6:50	7:00

chapter 5

做自己的教練
BE YOUR OWN RUNNING COACH

如果你可以征服心理，那跑步的其他對你來說就簡單多了。

——安比·伯富特

專業運動員的訓練

專業運動員的訓練是業餘跑者不可想像的。在大賽前 10 週，就要開始專項訓練。先在平原訓練 4 週加強有氧耐力，再去高原訓練 4 週提高有氧代謝系統，下高原後的 1 週進行適應平原條件的訓練以促進專項能力，賽前 1 週強化競技能力，調整狀態。

像馬拉松這樣的長距離運動，有氧供能形式達到了 98%，在你奮力超越或衝刺的時候才有 2% 的無氧供能。所以我們跑步訓練就要保持較高的耗氧水平，以打破攝氧量與需氧量之間的穩定狀態，進一步提高有氧耐力。長距離的跑步，主要就是有氧無氧的混合練習。

專業運動員與業餘跑者最大的區別之一就是去高原進行 4 ～ 5 週的訓練，比如去雲南昆明、青海多巴、內蒙古武川等訓練基地。高原的低氧環境，會對人體的生理活動產生一連串特殊的壓力及刺激，可以極大地提高運動員的速度和耐力。

我曾經在雲南曲靖的高山森林裡訓練，每天清晨天未亮就要摸黑在盤山公路上跑 20 公里。雖然辛苦，但是森林中大如盤子的蘑菇，和會搶人東西的調皮小猴，也帶給我們別種樂趣。而在武川基地訓練時，十月份的天氣，老天突然就會下起大雪，一下把你扔進冰天雪地。

體能是運動的基礎。跑步，主要是以下肢運動為主的運動項目，下肢力量和下肢一些小關節的力量訓練，可以保證與技術動作相配合的力量素質的獲得。身體素質的練習主要都是以下肢支撐力量肌群和核心力量肌群展開的，能有效發展運動員的專項力量。

下頁表格是專業馬拉松運動員大賽前在青海多巴訓練基地的訓練課內容，可以對業餘的跑步者有所啟發。

專業馬拉松運動員的訓練課程

類別	內容
公路訓練	・越野跑20公里67分鐘＋場地速度耐力跑1200公尺＋3×300公尺 ・多巴山（海拔2500公尺）上下坡重複跑（2×3公里）3.5組，共21公里 ・從海拔2450到2600公尺，（往返6公里）持續跑30公里 ・上下坡持續跑21公里
場地訓練	・專項節奏跑（20000公尺）＋速度耐力跑（1200公尺＋3×200公尺） ・專項節奏跑（16000公尺）＋速度耐力跑（1200公尺＋3×300公尺＋3×200公尺） ・專項節奏跑（12000公尺）＋速度耐力跑（1200公尺＋3×300公尺＋3×200公尺） ・專項節奏跑（8000公尺）＋速度耐力跑（1200公尺＋3×300公尺） ・專項速度耐力跑（4000公尺＋1200公尺＋3×300公尺＋3×200公尺）
身體訓練	・跳繩＋綜合力量練習（單腿跳、跳繩、伏地挺身等） ・行進間跑的專門練習（小步跑、高抬腿跑、後蹬跑、跨步跳等） ・原地墊上素質練習（仰臥起坐等腹肌練習、超人式等腰背肌練習） ・上下坡跳躍練習（上坡跳躍練習，如單腿跳等，下坡慢跑）
恢復訓練	・放鬆跑，放鬆柔韌伸展練習30分鐘 ・慢跑30～40分鐘，放鬆柔韌伸展練習30分鐘 ・以人工按摩等物理手段恢復

製訂你的專屬訓練計畫

處於沉重工作與生活這些負擔中的我們，已經長久不跑步了，一開始跑步，一定不可能跑完 1000 公尺，也許 300 公尺後就會氣喘吁吁。你的心肺其實沒這麼脆弱，只是菸酒應酬太多，坐著工作時間太長。現在流行一句話叫「不要讓椅子謀殺你」，就是提醒我們站起來，出去走走跑跑。

不管你是想跑步減肥，想開始跑第一個 5 公里，想參加人生第一個半程馬拉松，或是想完成首場全程馬拉松，或想達標著名的波士頓馬拉松（編按：世界馬拉松大滿貫賽事之一，詳細介紹請見 p.182），所有跑步的人都要有一個

共識，就是要定期並規律地跑步。

專業運動員可能會在賽前去高原集訓，但業餘跑者只有在操場上或在大馬路上跑步，訓練時間短，針對性也差；但不用過於糾結，跑出第一名拿到 4 萬美元的獎金基本上不是業餘跑者所要考慮的，我們要的是舒心地跑完一場比賽。當你真正開始跑步後，如果想更好地掌控自己的身體，最好有一個跑步訓練計畫。

計畫從什麼時候開始都來得及，你所需要做的是根據自己的身體狀況和目標，製訂一個屬於你自己的訓練計畫。

在每一週開始時訂下你的計畫，讓它板上釘釘，堅決執行。只要能達成這些計畫，你覺得你還只是在跑步嗎？不，這麼堅決果斷的執行力，證明了你是一個生活的強者。

知道那個萬科賣房子的郁亮（編按：中國著名房地產企業萬科集團的總經理）嗎？現在大家一提起他都稱其為「那個萬科跑步的郁亮」，他就是跑步計畫堅定的執行者。2014 年上海馬拉松，他跑出了 318（即 3 小時 18 分）的傲人成績。上海跑馬圈的業餘跑者蟲蟲姐，她已經連續征戰過東京馬拉松、波士頓馬拉松、柏林馬拉松、芝加哥馬拉松和紐約馬拉松（編按：皆為世界馬拉松滿貫賽事，詳細介紹請見 p.182），而且全部跑進 330。跑步的人，你的腳步是不會欺騙你的，每一步都會得到回報。

現在可以很容易地從網路找到各種跑步訓練計畫，比如完整的「輕鬆跑步 5 步驟（become a runner in five easy steps）」。從開始走路、開始跑步、不停奔跑、跑得更遠到跑得更快，都有詳盡的說明指導。

很多手機應用軟體、跑步手錶，以及一些品牌跑鞋的網站都會有教練模式，可以到網站上下載，或啟用你的手機 APP。無論你的目的是完成首個 5 公里，還是刷新馬拉松個人紀錄，它可以協助你製訂一個計畫為比賽作好準備，並且有初級、中級和高級的訓練等級。

2015年2月，來自上海的跑友蟲蟲姐征戰東京馬拉松，2個月後，她又拿到了波士頓馬拉松的獎牌。

跑得安全輕鬆

業餘跑者的跑步應該要跑得安全而輕鬆。當你的膝蓋受傷，抹著黃道益（編按：香港知名活絡油產品）、噴著雲南白藥、綁著石筱山（編按：中國中醫界著名的骨科專家，目前由其後人與門生傳承醫術與理念）的傷藥時，看到夥伴們依然每天跑步，你會不會內心焦慮，黯然神傷？所以千萬不要受傷，無論你跑步的目的是什麼，安全是第一位的。

強烈建議跑者不要有爭強好勝的心理，特別是在平常的跑步中。你再快，也拿不了第一，對吧？跑步，是一場和自己比賽的過程，不是和別人。最安全的跑法就是 Chapter 2 提及的 MAF180（編按：詳細介紹請見 p.45），這是一個溫和的跑步方法，適用於初跑者、受過傷的跑者，尤其適合初跑的女生。如果以下文將要介紹的跑步強度來說，其實就是輕鬆跑的概念。想跑步的人，跑過幾次後，會腿痠、心悸而產生自己不適合跑步的心理，這樣的話你的減肥計畫就夭折了。不用怕，試試 MAF180 吧！

　　日久見奇功，以溫和地沒有傷害的 MAF180 堅持一段時間，某天會讓你突然發現自己的身材很棒，跑久了也氣不喘、腿不痠。

跑步訓練強度

　　美國著名的長跑教練傑克·丹尼爾（Jack Daniels）在《丹尼爾斯經典跑步訓練法》（Daniels' Running Formula）中（編按：本書繁體中文版書名為《丹尼爾博士跑步方程式》），根據不同的運動強度總結了幾種訓練方法。

輕鬆跑（Easy running）

　　強度在最大心率的 65% ～ 78%，最大攝氧量的 59% ～ 74%。在舒服的配速下跑步，能讓你打下堅實的奔跑基礎，跑得更持久而不受傷害，並鍛鍊更強大的心肌。如果你跑得不再舒服而覺得累了，就不是輕鬆跑了。輕鬆跑至少要跑 30 分鐘以上才有效果。在熱身、放鬆，還有長距離練習時，都可採用輕鬆跑。

馬拉松配速跑（Marathon running）

　　顧名思義，就是以計畫的馬拉松比賽配速進行訓練。強度為最大心率的 80% ～ 90%，最大攝氧量的 75% ～ 84%。按丹尼爾的說法，馬拉松配速跑的時間要控制在 110 分鐘以內，或者是週跑量的 20% 或 29 公里以內。馬拉松配速跑可以讓從未跑過馬拉松的跑者建立起自信心，以比輕鬆跑更快的速度來完成長距離比賽。

乳酸門檻跑（Threshold running）

這是相對艱苦的訓練，也可稱作「舒適的艱苦」，配速的門檻在於最大心率，專業運動員在 88% ～ 90%，最大攝氧量在 83% ～ 88%。你要能夠在訓練中跑至少 20 分鐘以上，頂尖跑者可以跑上 60 分鐘，甚至一個半程馬拉松。乳酸門檻跑的要點是堅持 20 分鐘以上，如果無法達成就降一下配速。

間歇訓練（Interval training）

這是包含幾輪艱苦和恢復的訓練方法，其目的是最大程度地提高有氧耐力，也就是最大攝氧量，其強度必須要達到或是非常接近最大心率98%～100%和最大攝氧量95%～100%。持續時間以3～5分鐘為宜，每一輪必須要有足夠的時間恢復。我們常聽到的「亞索800」就是一種間歇訓練。

重複訓練（Repetition training）

這是超越最大心率的訓練方法。最大心率是心臟所能負載的輸血能力，但在強度超過最大攝氧量時就是無氧運動了，血液提供氧氣產生的能量已經趕不上消耗的速率。重複訓練時，心率不是最重要的，達到規定的配速是要點。重複訓練的目的是訓練肌肉的快速伸縮能力，提升運動效率，也就是跑者的爆發力和提速能力。

綜合以上介紹，假如你的最大心率是 185，以心率為強度衡量的跑步訓練如下頁訓練表，可以作為參考。每個人的最大心率都是有差異的，除了用 220 減去年齡這種方法外，最好是進行 2 ～ 3 公里的快速跑後，再盡全力跑 400 公尺，實際測量一下你盡可能接近的最大心率。

以心率為強度衡量的跑步訓練表

訓練強度	心率範圍下限	心率範圍上限	心率下限	心率上限
輕鬆跑	65%	78%	96	144
馬拉松配速跑	80%	90%	148	167
乳酸門檻跑	88%	90%	163	167
間歇跑	98%	100%	181	185

　　如果你沒有心率帶，可以用跑步時能否說話來衡量你的訓練強度。輕鬆跑或者長距離拉練時，你應該可以說連續的完整句子；以半馬配速跑時，能夠說幾個詞；以全馬配速跑時，可以說短句子；進行定速的節奏跑或乳酸門檻跑時，一次只能說幾個詞；進行間歇跑或速度訓練時，無法說話了，你只能專注於跑步。另一個方法是測量頸動脈的脈搏，將 10 秒鐘的跳動次數乘以 6，就是你當前的心率。

選擇適合自己的跑步訓練方法

間歇跑

　　想提高跑步成績，就要具備超強的忍受力，也必須要有無比的自虐精神。在有了相當的跑步基礎之後，便可以進行間歇跑訓練。間歇跑的效果是明顯的，跑者會感到速度耐力明顯提高，跑出赤兔馬腳下生風的感覺，並會對速度有著明白的判斷和精確的控制。

　　2011 年的柏林馬拉松，肯亞跑者派翠克・馬考（Patrick Makau）以 2:03:38 奪冠並創下當時的世界紀錄，2013 年他的同胞威爾遜・基普桑（Wilson Kipsang）以 2:03:23 的成績刷新了世界紀錄，隨之在 2014 年又被他們的同胞鄧尼斯・基梅托（Dennis Kimetto）以 2:02:57 刷新。

想知道世界頂尖跑者的訓練祕訣嗎？馬考透露，他們最喜歡的訓練課就是間歇跑，10×2000 公尺，每組 5 分 40 秒，中間慢跑 1 分鐘 200 公尺作為休息。

間歇跑就是不斷提高跑者的乳酸門檻的不二法門。當你快速跑步時，因為心肺能力不足，氧氣供應不夠，導致有氧代謝不足，就會產生大量乳酸，當血液裡的乳酸濃度過高時，身體就會越來越酸重而再也跑不動，這就是普通跑者與高手的區別，高手更耐酸。

間歇跑的目的就是為了充分提高有氧耐力，強度一定要接近你的最大心率，所以間歇跑負重很大、易受傷，一週一練即可。跑前要注意拉伸和熱身，包括 2 公里左右的慢跑和 50 公尺的小衝刺等。跑後則必須冷身。

間歇，中間當然是要休息的，距離也不能太長，有短距離和中距離兩種。短距離間歇跑可以提高速度和耐力。中距離間歇跑則可以提高混氧代謝能力，也就是維持較高速度下的跑步耐力。

一般的跑者可以進行 200 公尺或 400 公尺的間歇跑，心率維持在最大心率的 90%～95% 比較安全，業餘跑者不需要達到 98%，那傷害太大了。每組練 4～5 次，每次 4～5 組。每次間歇等到心率降至 120～130，再進行下一次。

普通跑者為了馬拉松開始訓練，建議採用中等距離間歇跑，即 800 公尺到 2000 公尺的訓練距離。一組 3～5 次，跑 3～5 組，心率達 175～185 次／分鐘。間歇時間可以是等時間休息①，等心率降到 120～130 就可以進行下一次。中等距離的間歇跑可以有效提高跑步者的混氧代謝能力。

變換距離的間歇跑，是用不同距離及不同速度來進行的，這對新手來說有點難。訓練範本為：300 公尺快＋300 公尺快＋400 公尺中＋300 公尺快＋300 公尺快＋400 公尺中，其中跑完兩個 300 公尺大強度快速跑會讓體內乳酸堆積，接著用 400 公尺中速跑來快速消除。

①所謂「等時間休息」，即跑多長時間，就休息多長時間。

對於新手來說，一個比較可靠易行的間歇跑方法應該是基於你的 5 公里成績之上的。假如你跑完 5 公里要 30 分鐘，則間歇跑的距離和強度可以參考下表調整。

間歇跑強度表──5公里跑30分鐘

距離	時間（分鐘）	時間（分鐘）
400公尺	2:10～2:20	2:30
800公尺	4:35～4:50	5:00
1000公尺	5:50～6:00	6:00

如果你以 25 分鐘跑完 5 公里，則你的強度如下表。

間歇跑強度表──5公里跑25分鐘

距離	時間（分鐘）	時間（分鐘）
400公尺	1:50～1:55	2:00
800公尺	3:50～4:00	4:00
1000公尺	4:55～5:00	5:00

注意，這是高心率的跑步訓練，你得保證你的心臟沒有問題才行。不是所有人一開始就可以跑間歇跑的，跑者最好有 5 小時跑完全馬，2 個半小時跑完半馬的水準後，再開始間歇跑訓練。

跑完後有沒有胃翻滾要吐的感覺？我在專業隊訓練中最怕的就是週二、週四、週六這三天下午的間歇跑強度。強度訓練是像比賽一樣的訓練，要用 90% 以上的力量去完成。一次在 15×1000 公尺的強度課上，由於前幾個撐

得太猛,強度太高,沒有讓心肺功能緩衝,加上中午可能進食有點多,我跑了三個段落之後就覺得胃部翻江倒海,第四個段落跑完就飛快地跑到一邊,把中午吃的東西全部吐了出來。

這 15 個 1000 公尺,每一個間隔可休息的時間很短,必須立刻上道完成下一個。當我堅持到 10 個以後,就想也就還剩 5 個而已啊,再撐一下不就過去了嗎?所以就這樣第 11 個、第 12 個、第 13 個、第 14 個,直到第 15 個!最後一個也是最關鍵的一個,在比賽中如果選手的實力相當,那就只有靠最後的 1000 公尺或最後一圈的衝刺來分出勝負。最後一個 1000 公尺一定要比前面 14 個跑得還要快,而且要快很多,要去衝刺,要挑戰極限!

乳酸門檻跑

有些人跑步有兩三年了,仍不能突破半程馬拉松的 2 小時,也就是所謂的半馬進二,每次就差那麼幾分鐘,總讓人感到沮喪。那麼在日常的訓練中,不妨加入乳酸門檻跑吧!跑過這個乳酸門檻,你將跨進一個新的世界。

跑步跑到乳酸門檻的時候,那表情就會像跑友「奔跑的漁民」這樣。
不過,只要經常練習,不斷超越新的門檻,就會跑得越來越輕鬆。

為什麼叫乳酸門檻呢？人體在運動時，血液裡的乳酸（lactic acid）濃度會升高，氧氣通過心臟跳動和血液循環輸送到身體內，可以稀釋乳酸濃度。當積累和稀釋達到平衡點時，就是常說的乳酸閾值（Lactate Threshold，簡稱LT），即乳酸門檻。

　　我創辦的訓練營裡的隊員，根據他們提供的跑步資料，我還是很難知道他實際的門檻在哪裡。於是讓他全力跑 2000 公尺，第一個 1000 公尺沒問題，第 2 個 1000 公尺喘不過氣、邁不動步伐，只能降低配速才能完成，這就是乳酸門檻。要跑得更快的方法，就是訓練要在乳酸門檻附近徘徊，不斷衝擊新的乳酸門檻，不斷得到提高，就可以跑得更快更久。

　　不過要精確測試乳酸門檻，只能透過驗血的方法，但估計 99.9% 的業餘跑者不會為了跑個步去驗血吧？我們就用身體的感覺來開始乳酸門檻跑，用「舒適地費力」來描述你的配速，或者說依照自身感覺到可以維持 1 小時的速度來進行跑步訓練。

　　透過呼吸與步伐的比例，也能確定跑者的強度。輕鬆配速，大多數跑者是三步一吸，三步一呼。乳酸門檻配速，通常是兩步一吸，一步一呼的節奏，或相反。如果每一步都是急促地呼吸一次，就已經進入間歇跑配速，必須減速。

　　用心率帶可以方便地知道自己的身體狀況，但是不同的人情況也會有所不同。跑步新手可能在最大心率的 60% 時達到乳酸門檻配速，而訓練有素者可能在最大心率的 90% 之時才達到乳酸門檻配速。我們可以在開始時，使用最大心率的 80% ～ 85%，然後結合其他方法，調整配速或心率。經由 3×800公尺，間歇 2 分鐘的跑步，可以基本確定最大心率。在第 3 個 800 公尺時，拚命跑最後 400 公尺，就會接近最大心率。

　　跨乳酸門檻跑，爭取以乳酸門檻的速度跑 20 分鐘。這是半馬和全馬訓練裡最重要的速度訓練，來自美國的 Hal Higdon 法，不過以乳酸門檻的速度持續跑 20 分鐘可不是件容易的事，對剛開始跑步的人不太現實。Hal 的方法是先熱身跑 3 ～ 5 公里，慢慢加速，加到乳酸門檻的速度左右保持 3 ～ 5 分鐘，慢慢減速，然後以放鬆跑收工。跨門檻跑可以按自己的能力去跑，逐漸加長。

狀態好，就多跑或跑快一點；狀態不好，就跑少一點或慢一些。不要給自己壓力，否則若是受傷就太痛苦了。

跨乳酸門檻跑可是一個大強度訓練，熱身和冷身都要充分。當然了，熱身和冷身也會增加跑者的訓練總里程，也就有了每天跑量上漲的滿足感。

亞索 800 訓練

亞索 800，經過巴特・亞索（Bart Yasso）——雜誌《跑者世界》的賽事服務經理的跑步實踐，逐漸推廣開來。

這是一個瘋狂的訓練方法。你想在 3 小時完賽全馬，就用 3 分鐘跑 10 個 800 公尺；你想在 3 小時 30 分跑完全馬，就用 3 分半跑 10 個 800 公尺；你想在 4 小時完賽全馬，就用 4 分鐘跑 10 個 800 公尺。

最好在馬拉松比賽前 2 ～ 3 個月開始亞索 800 的訓練。第一週跑 4 組 800 公尺，接下來的每週增加 1 組，直到 10 組。最後一次訓練至少要安排在賽前的 10 天，最好是賽前 14 ～ 17 天。

亞索 800 其實也是間歇跑的一種，但並不是適合所有人。亞索 800 所倚重的是跑者的最大攝氧能力，你的速度提高了，但如果有氧耐力無法提升的話，亞索 800 預測的全馬成績可能會讓你在後半程崩潰。

所以亞索 800 的訓練並不適用於初級馬拉松選手。當然，對於跑馬中級以上的人來說，賽前進行亞索 800 是可以明顯提高比賽成績的，因為可以讓跑者有著足夠的耐力跑訓練基礎。

法特萊克訓練

在非洲肯亞的馬拉松訓練基地裡，那些黑旋風們每週都要進行法特萊克（Fartlek）訓練，他們不斷超越極限的訓練，鍛鍊了藐視一切的強大奔跑能力。

作為業餘跑者，一個月跑兩次就足夠了。你先要知道自己跑 5 公里的配速，比如是 500（指 5 分鐘），那麼再快 25 秒左右，用 435（指 4 分 35 秒）的配速跑。進行 6 ～ 8 組的 600 公尺間歇跑，中間休息 1 分 30 秒。如果速度掉到你事先預設的速度底線，比如 500 的配速，那麼就要結束訓練。

法特萊克是一種高強度的速度訓練，可以有效地提高你的攝氧能力和速度

都説「短跑牙買加，長跑肯亞」，作為長期稱霸長跑項目的肯亞人，除了其本身的不懈努力外，法特萊克訓練法更讓他們如虎添翼。

能力，而最大的收穫則是超量付出後的堅強意志力。在比賽中，特別是全馬比賽，當跑者的體能和速度往下掉時，不放棄、不服輸的堅強意志力，就是衝向終點的最強大能量來源。

跑坡或跑橋

　　城市裡的 10 公里或馬拉松比賽裡，很多人最畏懼的就是在上坡跑橋。北京馬拉松在 28 公里時的科薈橋，就是令無數英雄競折腰（編按：讓跑者折服之意）的地方，跑進 35 公里後到達奧森，更有幾段上下坡折磨掉跑者最後的勇氣。蘇州馬拉松在進入 13 公里後的李公堤有幾座小橋，也會讓新手害怕。但要是真的與貴陽馬拉松那連續起伏的上下坡相比，還真的不算什麼。

　　最虐人的其實還是雅典馬拉松，從馬拉松小鎮開跑，8 公里後就是連續不斷的上坡，直到 30 公里，衝下一個隧道再衝上去，到 35 公里又是一個隧道下坡上坡。然後是持續的下坡路，最後 3 公里有個小上坡後就全是下坡路，

再左彎進入雅典體育場的終點。

跑步比賽，一般人最怕的就是上下坡。上坡跑考驗你的心肺能力，一般人很快就會後繼乏力。下坡跑，尤其是馬拉松最後的下坡跑，很容易傷膝蓋。

跑坡也有技巧。上坡時身體重心要前傾，加大擺臂速度，步幅稍小一些，用前腳掌蹬地，步頻要快。上坡訓練跑來比平地要費力得多，速度也會下降，但是能鍛鍊跑者的腿部、臀部肌肉，以及無氧代謝能力。下坡時，身體重心後仰，步幅略大，用腳後跟蹬地，擺臂幅度稍大來控制身體平衡，注意力要集中。

找一個200～400公尺長的坡，越長越好。快速衝上去，慢跑下來，重複來回跑個幾次。注意跑姿，跑姿若維持不住時就不用跑了。跑坡除了是速度訓練外，因為要抵禦身體體重的分力，也是很好的力量訓練，一跑就能感覺到，從小腿到腰後背，都有拉緊的感覺；而跑坡對腳踝關節的柔韌性和力量也是一種鍛鍊。

臺階跑

跑陡峭的臺階可以強化你的肌肉，特別是臀中肌（編按：即臀部側邊），在一般跑步時無法鍛鍊到。在一條腿往前邁進時，另一條腿在短期保持平衡的同時也正準備往前邁進，這個過程中臀中肌起到了穩定的作用。

可以跑臺階的地方和方式很多，多數時候無需刻意找個臺階練跑步。比如回家和上班不乘電梯而是走樓梯，捷運站上樓時也不要乘自動電扶梯等等。

中國或其他國家有很多爬樓梯比賽，叫作垂直馬拉松，這是源於美國

1978 年攀登美國帝國大廈（86 層，1576 級臺階）的大眾體育運動。中國曾舉辦

還有什麼比在中國長城上練習臺階跑更具有挑戰性嗎？不到長城非好漢，跑上長城更是好漢中的好漢！

過的城市大廈賽事有北京國貿大廈（82 層，2041 級臺階）、上海國金中心（57 層，1460 級臺階）、廣州塔（111 層，2580 級臺階）等等。

山地越野跑

山地越野中，UTMB（Ultra-Trail du Mont-Blanc）環勃朗峰超級越野賽是最負盛名的賽事之一，在壯麗的阿爾卑斯山脈舉行，穿越法國、瑞士和義大利 3 個國家。環勃朗峰一周要 160 多公里，累計爬升 9000 多公尺。

更虐人的是巨人之旅（Tor des Géants）332 公里越野跑，在義大利北部靠近法國羅納阿爾卑斯的山區舉行，環繞義大利、法國、瑞士 3 個國家，翻越 25 座高山，累計爬升 24000 公尺，關門時間為 150 個小時。

平常跑步的人如果沒有多年的戶外經驗，最好不要嘗試這些極具危險性的運動。荒城老師在 2013 年成為中國第一個「巨人之旅」完賽者，2014 年跑步圈內著名的珊瑚姑娘安全勝利完賽，但她 19 歲開始徒步旅行，24 歲開始登

在高山中奔跑，聽起來真是極浪漫的事，但如果真正參與山地越野跑的比賽，可能就沒有想像中那麼浪漫了。

山，至今拿下十幾座 6000 多公尺的雪山，這些才保證了她能在複雜地形中安全地比賽。

中國也有一些著名的越野賽，Vibram 香港 100 越野賽、TNF100（編按：The North Face 北京國際越野跑挑戰賽）、沂山 100（編按：沂山百公里山地戶外越野挑戰賽）、寧海越野挑戰賽 50 公里、天目七尖越野賽 50 公里等。在上海的跑友就只有一座小小的佘山可以用來鍛鍊，想要更好的訓練，就得去杭州了。

雖然山地越野跑不是普通跑者經常進行的，不過，適當的山地越野跑能調動跑者全身的肌肉和骨骼。有了一定的耐力基礎，就可以嘗試著山地跑。山地越野跑能加強大腿力量，平地賽跑時就會更加有力。不要選那些陡峭的山地，那會讓你像是在爬山，而不是跑山，而且下山更容易把腳弄傷。

山地越野跑之前，盡量穿透氣散熱的長袖長褲，減少擦傷機率。一雙具有良好緩衝性能的越野跑鞋是必需的。跑前熱身非常關鍵，要充分活動開關節和肌肉。除了必要的水和錢以外，不帶多餘的東西。沿途不要到處充滿好奇，你可是來跑步，不是來探險的。

另外，在山地越野跑時必須先作好充分的準備活動，最好在平地上先跑個兩三公里。

山地越野跑訓練，如果跑者條件足夠，可以每週 1 次，作為你的大強度訓練之一。在基礎階段，可以採用爬山加徒步的方式，甚至可以在山地進行快走式的徒步間歇，這和慢跑一樣可以提高心率，同時對跑者的衝擊也會更小。平地上的訓練模式，如間歇跑、法特萊克山坡跑等，也可以嘗試在山坡上進行。下頁來介紹具體的跑法。

跑步訓練方法

山坡間歇跑

一次跑 5 ～ 20 分鐘，每兩次中間休息 5 ～ 10 分鐘，每週最多進行 2 次，這樣可以大大提高肌肉耐力。跑者的配速和坡度要讓自身心率處於一個合適的區間內。

法特萊克山坡跑

要求拚盡全力跑上坡，然後放鬆跑下來。法特萊克山坡訓練能提高跑者的力量、心肺功能和攜氧能力。當你覺得在法特萊克山坡訓練中得到提升後，就可以增高強度了，比如說快到達坡時，進行 5 ～ 10 秒的衝刺。

乳酸門檻山坡間歇跑

要求以更快的配速完成，但是你的心率要比你的門檻值或者 5 公里跑的心率稍微低一些。建議每次跑 5 ～ 10 分鐘，中間至少要休息 10 分鐘，這種訓練強度很大，每週跑 1 次即可。

山坡跳

這是一種跳躍訓練，可以鍛鍊出強而有力的心臟。建議山坡跳的距離在 50 公尺，然後慢慢走下來當作恢復，通常進行 4 ～ 8 組就足夠了，這種高強度訓練每週 1 次即可。

山坡衝刺

這是一種速度訓練，沒有心率方面的要求。找一條大約 100 公尺長的山坡，以中等速度起跑，然後開始衝刺，在最後 10 秒內你要竭盡全力衝頂。一個月最多 2 次，每次進行 3 ～ 4 組，兩組中間用 10 ～ 15 分鐘的輕鬆跑恢復，再慢走恢復。

長距離慢跑訓練可以提高耐力，慢跑時不要在意跑了多遠，而要注意自己能夠跑多久。

LSD ──長距離慢跑

　　LSD 的意思為 Long Slow Distance，也就是長距離慢跑的意思，其關鍵就在於「長」和「慢」。這個長，不僅指距離上的長，也可以認為是時間上的長。特別是對新手來說，體能、耐力和速度可能還比較差，所以在距離和時間上可以適當調整，不是非得跑完整個 20 公里以上不可。

如果你最長只跑過 5 公里，8 公里可能是你的 LSD；如果是正在為挑戰第一次半馬作準備的跑者，那麼 15 公里就是你的 LSD。速度放慢些，時間拉長些，可以讓你跑得更持久。

LSD 的慢，要慢到多少？按自己最高心率的 70%～80% 來看吧！如果要減肥，建議控制在 65%～75%；而對一般的跑者來說，心率就是在 130～150，如果你在練馬拉松耐力，則可以維持在 160～170 的較高心率。

LSD 的慢也體現在速度上，可以按你 5 公里或 10 公里的速度來調整。如果你 10 公里的配速在 6 分鐘，要跑一個 20 公里 LSD，則配速可以放慢到 630（編按：即 6 分 30 秒），甚至更慢一些。如果你的 10 公里配速在 5 分鐘，要跑一個 20 公里的 LSD，配速可以放慢到 530（編按：即 5 分 30 秒）。你還可以試試在最後兩公里是否還有體力加速。

一般來說，普通的跑友完成一次 15 公里的 LSD 基本上要 2 天時間才能完全恢復，而 30 公里的 LSD 則要 7 天才能完全恢復。所以跑一次 LSD，第二天一定要休跑或配慢速跑，之後幾天短距離慢跑，增加拉伸時間。

一週內的訓練，我們通常會跑一次 LSD，由於多數人平日要上班，你可以安排在週六進行，這樣第二天可以充分地休息。比賽來臨前的 LSD，通常在賽前 2 週完成，一來使肌肉適應這種耐久力，二來就是為了良好地恢復。

進行 LSD 長距離慢跑之前，要提前吃點東西。半途一定要有能量補充，可以吃能量果膠、能量棒，或者香蕉。補水也很重要，尤其是在夏天。

除非你具有專業級的水準，不要連續兩週進行相同跑量的 LSD，可以一週較長一週較短，比如這一週 30 公里，下一週就要減到 20 公里或者不跑。

不跑步時可以練什麼？

瑜伽

大多數跑步的人都沒有練過瑜伽，而會瑜伽的人基本上都是先練瑜伽再跑步。為什麼要練瑜伽？因為持續鍛鍊瑜伽姿勢，可以增強身體核心部位即大腿肌及臀屈肌的力量和靈活性，可以讓過於緊張的身體提高柔韌性，使跑者更強

大而不容易受傷。在跑後的拉伸動作中，就有很多動作始於瑜伽，只不過難度會低一些。

　　不過要注意，跑步的人很能忍受痛感，所以練瑜伽時也不能過分逞強。比如你強迫自己過度做鴿式位以拉伸胯部及梨狀肌，可能會拉傷導致幾個月都不能跑步，這就得不償失了。

騎自行車

　　除了開車趕路的，這世界上還有兩種不屈不撓的道路戰士，一種是跑步的人，另一種就是騎自行車的人。騎車和跑步相比，減少了對關節的蹦跳振動，可以大大加強股四頭肌和膕繩肌之間的肌肉平衡。

　　騎車可以打造出強壯的股四頭肌和臀肌，這些是跑步上坡中需要的肌肉，鍛鍊得宜可以使你不再畏懼跑步上坡。野外的騎車，特別是有上坡的地段，持續地出力會使你的肌肉更為強大。

　　那些玩鐵人三項（編按：簡稱三鐵，含游泳、騎車、跑步三項運動）的人，跑步一般來說都不會太差。上海的 KK 亞堃就是一個鐵人，一個標鐵①游 1.5 公里，騎 40 公里再跑 10 公里是他的常規訓練。2013 年 12 月上海馬拉松是他的首馬，跑出 4 小時 08 秒的成績，隨後在 2014 年元旦廈門馬拉松跑出 3 小時 58 分；而在 2015 年元月 3 日的廈門馬拉松，更是跑出了 3 小時 29 分的成績。這麼快速的進步，就得益於他在三鐵訓練中練就的強大綜合能力。

游泳

　　我在 2002 年 12 月進入北京八一隊練現代五項，這算是體育界的貴族項目，包括五個子項：騎馬、擊劍、游泳、射擊、長跑，練起來很豐富也很有樂趣；不過我有恐水症，一到水裡就覺得人直往下沉，練了兩個月還是重新回到了跑道上專練長跑，但游泳對於跑步真的很有促進作用。

　　三鐵運動中，標鐵的游泳距離為 1.5 公里，超半鐵 2 公里，超鐵 3.8 公里，

①標鐵，即奧運標準賽。與文中提及的超半鐵（半程超級鐵人賽）和超鐵（超級鐵人賽），同屬鐵人三項運動中不同規格的賽事，其游泳、騎車和跑步的強度各有不同。

距離遠少於騎車的標鐵 40 公里，超半鐵 90 公里和超鐵 180 公里，這是因為水的密度是空氣的 800 倍，壓力和阻力都比空氣大，所以在水裡游泳的難度遠比陸地跑步或騎車大，也正因為如此，可以更好地鍛鍊心血管和呼吸系統和肌肉。

核心肌肉的訓練

有些人擔心跑步腿會變粗，那是因為他們跑步的動力只來自於雙腿。看看優秀的跑步運動員，哪一個腿是粗的？腿部肌肉線條都十分優美。因為運動員跑步時的力量來源不僅僅是腿，還來自於核心肌肉，他們支撐著上半身，驅動雙腿前進，減輕了下肢的負擔。

跑步時，要加強核心肌群的力量。所謂核心肌群就是位於腰－骨盆－髖關節的 29 塊肌群，包括腹直肌、腹橫肌、腹斜肌、背肌、下背肌、豎脊肌、骨盆底肌，以及髖關節周圍的臀肌、旋髖肌和股後肌群等。這些肌肉在人體運動中有著傳導力量、施力或減力等作用，也是人體在移動過程中保持平衡的重要肌群。

加強身體核心肌肉的力量，不借助外力，只利用自身的重量來訓練，是最簡單方便的。最基礎的核心力量練習，主要就是腰腹力量的訓練。本書中只介紹了一些最基本可行且無須太多經濟和時間負擔，又行之有效的方法。要想練出最健美的身材，可以請健身教練打造更專業更有針對性的鍛鍊。

跑馬拉松的人，所需要的核心力量與短跑中跑者不同。馬拉松不需要絕對速度和爆發力，更注重的是速度耐力的持續性、耐久性和抗乳酸能力。在專業隊裡，更注重身體力量素質訓練，而業餘跑友更應該注重體能素質練習，而不是花大把力氣去練八塊腹肌和馬甲線。

跑步者練習核心力量的關鍵要點在於：動態、小負荷、大密度、快節奏、多次數。一個簡單的核心訓練內容為：前後擺臂 300 個＋伏地挺身 20 個＋五級蛙跳＋仰臥起坐 20 個＋背部肌肉訓練 20 次＋扶牆高抬腿跑 30 次＋後蹬跑 30 公尺，連續做 4 組，每組間休息 2 ～ 3 分鐘。

仰臥起坐 & 側身仰臥起坐　　PART 1

　　仰臥起坐是一般人最熟悉也是最基本的訓練方式，它的重點不在於速度，而是能夠流暢有效率地完成動作。使用到的主要肌群是腹直肌和腹外斜肌，這也是最簡單、最有效增強腹肌的方式，而腹肌恰恰是在長跑過程中到最後時刻維持跑者上身軀幹最有力的保障。

　　仰臥起坐：身體平躺，膝蓋拱起，雙腳緊貼地面，雙手輕輕在頭後觸碰；慢慢拱起背部，抬起上身至 45 度左右；吸氣後上身慢慢下落，回到起始位置。可以請他人協助壓住雙腳以完成動作。

　　側身仰臥起坐：主要是利用腹斜肌的力量，讓手肘碰到另一邊的膝部，完成扭轉軀幹的動作。可以一邊進行 12 次再換另一邊，也可以兩邊輪流做。

PART 2　俄羅斯回轉

　　俄羅斯回轉是鍛鍊腹橫肌、腹斜肌和肋間肌的方法。方法比較簡單，關鍵在於腳要離地。

　　坐在地板上，雙手平舉在胸前，如果交叉互抱效果更好，提膝、腳離地，在空中回轉，左肘部接觸右膝，右肘部接觸左膝，一定要做到用盡力氣才有效。注意練習過程中，須一直保持腳面離地。

陸地游泳　PART 3

　　陸地游泳可以鍛鍊大腿肌群和下背部肌肉。

　　臉朝下、趴臥在地板上，盡可能地抬高右腿和左臂，抬至最高處維持 3 秒，緩慢放下胳膊和腿；然後相同姿勢，抬左腿和右臂進行。其要點是在整個過程中保持軀幹貼著地面，頭要微微抬起。

PART4 超人起飛

　　超人起飛鍛鍊的也是大腿肌群和下背部肌肉。如果把雙手張開與身體呈 90 度，會增加難度，這個動作被稱為「飛翔的耶穌」（The Flying Jesus），也叫作「小燕飛」，可加強深層肌肉，放鬆表層肌肉。

　　臉朝下、趴臥在地板上，雙手朝前自然平伸，同時向上抬起雙臂和雙腿，只留軀幹和髖關節還貼著地面。在最高處停留 3 秒，感受下背部的肌肉收縮，接著緩慢放下。動作的關鍵要慢，而不是快速抬放，也可將雙手背到後面，如此可以練到整個背部。

平板支撐（plank）近年在中國開始流行，跑步的人估計都做過該動作，雖然簡單易行，但是實際做起來還是有相當難度的。平板支撐有助於強化腹部和背部的深層肌肉。

臉朝下、身體趴在地板上，併攏雙腿，用前臂和手肘將上半身撐起。頭部需保持直挺，不要下垂。肩膀、臀部、膝蓋和腳踝始終保持水平一直線；腰和下背部不要鬆軟下去，也不要撅起來；雙手互握一起可以做得稍微輕鬆些。保持該姿勢，剛開始試著做半分鐘，然後增加，能堅持到 5 分鐘以上就很厲害了。進階的訓練可以抬起一條腿或一隻手，至少保持 1 分鐘。

肌肉群的輔助訓練

除了核心肌肉的訓練外，還要針對一些跑步時會使用的重要肌肉，特別是小肌肉群進行輔助訓練，其目的是加強足踝、小腿、大腿等部位的力量。

單腿舉踵

也有人稱為單邊小腿上提。鍛鍊的主要是腓腸肌和比目魚肌，對脛前骨肌、腓內短肌等也有輔助作用。

動作要領：前腳掌站在平臺或臺階上，後腳跟在平臺邊緣之外，將身體重心放在前腳掌腳趾上，避免用足弓踏著平臺。一腿抬起彎曲與髖部呈 90 度。先降低腳跟，再慢慢地提高腳跟，使其最大範圍地移動，做 1 ～ 3 組，每組 15 ～ 20 次。換另一條腿重複。反覆運動至小腿肌肉痠痛。雙手握啞鈴可以增加負重加強鍛鍊。

原地小步跑

可增加踝關節的支撐力量，加快擺臂動作，加強腿腳與手臂的協調性，提高跑步頻率，增強心肺能力。

動作要領：站立，微屈膝，在原地輕輕抬起右腿腳踝，把身體重心移到左腿，然後右腿腳踝自然回放落下，抬起左腿腳踝。每 60 次為一組，重複 3 組，其要點是一組比一組的頻率加快。

原地高抬腿

其訓練目的是為了加強跑步者的抬腿能力，鍛鍊步頻，對加大步幅也有很好的效果。

動作要領：保持上身挺直，兩腿交替抬至水平。每天做 5 組，每組 100 個。練一個月，你跑步時腳步的頻率會明顯增加，步幅也會變大。

後蹬支撐跑

主要是訓練大腿後肌群和腓腸肌。

動作要領：雙手撐牆，雙腿後移直到腳跟不能著地。左右腿分別抬起，膝

蓋盡量抬起到胸口。一開始可以慢慢地提腿，接著漸漸加速。每條腿各做 60
次為 1 組，重複 3 組。

靠牆深蹲

對於養護膝關節周邊肌肉、康復韌帶的損傷有很好的作用。

動作要領：靠著一面牆，保持深蹲姿勢不動，確保背部直立貼在牆面。不
要太計較時間長短，每次做到肌肉發熱發顫時，休息一下再進行下一次。連做
3 組，一組 3 次。如果可以一次做 5 分鐘，連做 3 組，那就表示功力深厚了。

深蹲

這是跑友必須要勤加練習的動作，特別是女性，如果你想擁有迷人的翹
臀，那就練習深蹲吧！對於初跑者來說，練習深蹲可以加強大腿股四頭肌。深
蹲動作有很多種，這裡介紹兩種供大家參考。

徒手深蹲

最基本的入門級深蹲法。要點是下蹲時膝蓋盡量不要超過腳尖，膝
關節和腳尖處於同一垂直線上，兩膝不要內扣或外翻，手向前伸直齊肩，
頭向前看，挺直腰背，下蹲到大腿平行於地面。或者雙手抱頭，臀部往
後坐，胸背盡量直挺，頭向前看，這個動作最有助於練出性感的臀部。

負重深蹲

肩負槓鈴做深蹲，將更有助於鍛鍊膝蓋的力量。將槓鈴置於頸後，
雙手抓握槓鈴，身體挺直，兩眼平視前方，兩腳分開同肩寬。慢慢屈膝
下蹲至大腿平行地面或稍低於膝，保持 1 ～ 2 秒後，頭往上頂，蹬腿伸
膝至還原。其動作關鍵在於蹲起時要呼氣。

弓步上下起

和深蹲一樣，可以徒手或負重進行，以鍛鍊股四頭肌、膕繩肌和臀大肌。

動作要領：雙腳與肩同寬站立，右腳向前一步，大概是肩膀寬度的一倍半左右，雙腳腳尖始終向前。右腿彎曲，直到大腿與地面呈平行。右膝蓋不能超過腳尖。背部挺直，不要前傾。雙手可以叉腰，左腿屈膝下跪，但不要觸地。停頓約 2 秒再恢復弓箭步預備動作。可以 20 次為 1 組，練習 3 組。

其動作關鍵是腳尖向前，下蹲時兩膝關節角度約為 90 度。保持上半身直立與平衡。原地靜態弓步已經熟練後，可以嘗試左右腳交替跨步前進，距離為 15 公尺。挺起上半身，看向前方，不要彎腰或後仰。

伏地挺身

伏地挺身（push-up）能夠有效地鍛鍊胸大肌、三頭肌和前三角肌等上半身肌肉。

動作要領：俯臥，雙臂比肩膀稍寬，彎曲雙肘，降低身體高度直到胸部與地面平行或接近地面，這時宜吸氣，然後撐起身體，直到雙臂完全伸直，撐起身體時吐氣。

蛙跳

進行蛙跳時，使用到的肌群有股四頭肌群、臀大肌、腓腸肌和比目魚肌，對膕繩肌、三角肌、腹直肌、腹外斜肌和腹內斜肌等也有著輔助鍛鍊作用。

動作要領：稍微打開雙腳，下蹲至大腿與地面平行，下背輕微呈弧形。頭擺正，下巴微微上仰，雙臂在前方伸直。向後甩動雙臂時深吸一口氣，接著雙臂再很快向前甩動，腿部產生推動力讓身體從下蹲姿勢猛然向前跳躍，雙臂甩動的高度要超過頭部，回到地面後蹲下再反覆跳躍。

chapter 6

征戰馬拉松

HOW TO RUN A MARATHON

如果你想跑步，跑個一英里就好。

如果你想體驗不同的人生，那就跑場馬拉松。

——埃米爾・扎托貝克

屬於我的馬拉松之路

人生中的第一場全馬

我的專項是跑 1500 公尺、3000 公尺和 5000 公尺，除此之外 30 公里以上的長距離訓練也是家常便飯。在上海交通大學讀書時，教練發現我的耐力特別好，就讓我報名參加 2004 年 11 月 7 日在杭州舉辦的國際馬拉松賽。為了備戰我的首場全程馬拉松，我開始了一週跑兩次兩個半小時的訓練課，同時也加強了速度訓練。

比賽前半個月，教練專門為我準備了一場測試，馬拉松全程 42.195 公里，也就是整整要圍繞 400 公尺的田徑場跑 105 圈加 195 公尺。測試當天教練找了 6 個男生輪流帶著我一起跑，因為女生根本帶不了我。首先，我自己跑了 10 公里，速度不錯，很均勻並且在教練的預想之中。跑過 10 公里，帶我跑的男生們輪番上陣，每 2 公里換一個人。

因為前面有了追逐目標，我開始興奮起來，速度也越來越快，無暇顧及教練在一旁大聲叫喊，隨著自己的性子跑，有時男生們累了，速度降了下來，我就在後面喊著：「師弟再加點速！」最後 1 公里的最後 1 圈我竟然衝到 68 秒，教練非常驚訝，那天的測試成績竟然是 2 小時 30 分 58 秒。

杭州國際馬拉松比賽，全程會途經西湖蘇堤、梅家塢、宋城等著名景點，因此有人抽象地比喻這是在「畫中」進行的比賽，這也讓杭州國際馬拉松成為世界上「最美麗」的馬拉松賽事之一。

比賽一鳴槍，大家都瘋了似地搶佔有利地勢，在 5 公里後我就追到了第一集團（編按：跑在前段的跑者）。這麼多專業運動員，他們的主項大多是馬拉松，都有豐富的比賽經驗，所以一路上我也不敢掉以輕心，穩穩地跟在大隊人馬後面。到最後 5 公里的時候還剩下我和僅有的一個中國知名馬拉松運動員衣苗苗，那時我們還不是很熟悉，可現在已經是很好的朋友了。

記得當時因為我一直在後面跟著不敢上去帶，還被她說了一頓，她說：「一路上你總跟在後面，你能不能上去帶一下啊！」路途中大家都不想往前頭跑，

自從2004年拿下人生第一個全馬後，我就再也沒有停止跑馬的腳步，這是在2015年的巴黎馬拉松現場，算來已超過11年了。

把速度壓得很慢，我本以為路線非常難跑，所以不敢輕易衝出去嘗試，結果最後發現一路平坦，所以就放開了上前衝刺，最後我以 2 小時 46 分 12 秒 1 的成績獲得冠軍，這比我的訓練成績整整慢了 16 分鐘 14 秒。

　　雖然拿到了本次比賽的冠軍，但唯一遺憾的是根本沒有發揮出自己的實際水準，拿了冠軍本應該是值得高興的事，但教練的臉色卻一點都不好看，一直追問我為什麼不早點往前跑。此前沒參加過馬拉松比賽的我，當時就只想穩穩地拿到冠軍，沒考慮到成績的問題，可是這次比賽也就成了我在馬拉松比賽上的最大遺憾。

人生中的第一場半馬

　　2004 年 11 月 13 日，杭州國際馬拉松賽後第 6 天，我開始征戰東麗杯上海國際馬拉松的半程馬拉松比賽。這次的比賽競爭非常激烈，第一集團幾乎全是肯亞或衣索比亞的高手，實力非常強大。跑出幾公里後我四周一看，身邊的對手都是外國籍運動員，我心想這次有得玩了，雖然經常跟國外運動員在賽場

上較量，但是這次的對手更多而且更強。

　　當 10 公里一過，對手已經所剩無幾，可前面還有兩位黑人運動員，不知是來自肯亞還是衣索比亞，動作輕盈，速度不減，看上去狀態也非常棒。我要追上他們必須得拚命才行，一路上，我就朝著這兩個在前面的黑人運動員努力追逐。

　　慢慢地我越來越接近前面的第一個運動員，我心裡只有一個想法：拚了命追上一個算一個。我開始追上她時，她像瘋了一樣加速，想再次拉開距離。我們倆便你死我活地拚起來，她越是拚命往前跑我就越是緊緊跟著，這樣她的壓力就會很大，在緊張的狀態下，全身肌肉就會僵硬，連帶體力也會跟著下降，所以我什麼也不管，就是咬牙死命地跟在她身後，找合適的時機衝上前去。

　　但是有一點，我必須要保證我一上前她肯定不能再跟著我跑，既然上前了就一定要以最快的速度拉開距離。這是戰術，否則失敗的可能性就會大增。我沒有時間和體力在這裡跟她耗著，我在找時機，聽她的腳步與呼吸的聲音來判斷她的體力狀況。

　　就這樣，我跟了有 1 公里左右，就聽著她的呼吸急促，步伐頻率也被我打亂，我知道這該是加速上前的時候了，所以我以最快的速度衝上前去。在她還沒有反應過來的時候突然加速，如此一來她根本沒有任何心理準備，一時也很難轉變速度，我一加速她便立刻被我甩在身後，並且沒有再次衝上來跟我拚鬥的激情與意識了，這樣一來我前方只剩下一個，最後一個對手。

　　目測起來與她的距離大概有 200 多公尺，我很焦急，因為這是半程馬拉松，一共就 21.0975 公里，對我們來說這個距離很快就結束了。對於同級別的運動員，別說這時還相差 200 多公尺，就算是只剩 10 公尺都是很難超越的，所以我只能拚了，無論結果如何，只能盡自己最大的努力，當然我的目標依然是冠軍，一定要朝著冠軍的目標去拿下這場比賽。

　　我像瘋了一樣地追逐著前面的黑人選手，向著冠軍，向著希望，向著終點線，向著衝刺之後人們的歡呼跑去。

　　經過不懈努力，我們的距離越縮越近，最後僅剩下幾十公尺，這時我的對

手好像知道後面就要有人追上她了，所以回過頭看我，不時地回頭望，就怕我追上她。她看到我們之間的距離越來越近，她也瘋了似地往前跑。

由於我離她越來越近，我的信心十足，但是比賽賽程很快就要接近 20 公里，已經沒有多少時間了，我必須盡快地追上她，我心裡是這麼想的，實際追起來卻不是那麼容易，她畢竟是來自長跑具世界頂尖水準之地，成績大家可想而知，我只能抱著美好理想奮力一搏。

快到終點了，這時候黑人選手還超過我 30 公尺的距離，衝到終點吧！不管有沒有希望，就算拿不到冠軍，成績也很重要，所以不能有一秒的懈怠。結果最後衝刺階段還是差了 20 多公尺，我與冠軍失之交臂；雖然這成了我在半程馬拉松上的一大遺憾，但我也從中發現自己的不足。天外有天，人外有人，努力是無止境的。

馬拉松之於一般人

馬拉松距離一般人有多遠？很多人曾經徘徊在終點線為跑馬拉松的人加油鼓勵，仰視崇敬，覺得「跑馬」是那麼遙不可及。其實馬拉松離你不遠，跑步

的人一旦跑過 5 公里、10 公里，心中壓抑不住地就想跑 21.0975 公里的半馬，乃至 42.195 公里的全馬。

據中國田徑協會統計，2013 年中國舉辦了 39 場馬拉松，完成全馬人數為 7 萬人次，參賽總人數 75 萬多；2014 年有 53 場馬拉松，7.5 萬人完成全馬，參賽人數達到 80 萬。

2014年11月，13,000多人參加泰山國際馬拉松比賽，我作為泰馬的代言人，見證了當時比賽時的盛況。

來自「最酷」民間組織（編按：中國的馬拉松網站平台）的統計，2014 年中國共有 138 場官方和民間組織的跑步賽事，其中全中國的全馬比賽達到 90,796 人次，半馬比賽為 86,909 人次，20～30 公里越野賽有 11,209 人次，42 公里越野賽有 4,817 人次，50 公里越野賽有 3,492 人次；100 公里越野賽有 1,870 人次，而 5 公里、10 公里比賽估計超過 33 萬人次。這些資料並不完全代表中國有多少人在跑步，因為賽事規模限制，還有很多沒有完成報名，無法參加比賽的人。

跑步和跑馬拉松還是有很大的不同，馬拉松跑者自稱為「跑馬」的人，不跑馬的人永遠不理解跑馬人內心的感觸。開始跑步的人，大多數是出於各種理由，減肥、治病、發洩，或者就是圖個熱鬧；但是當你開始跑馬拉松，就已經徹底脫離了這些。大多數以減肥為目的開始跑步的人，最終踏上跑馬路，已經不再是為了健身。

跑馬看上去並不是一個很健康的運動，大多數人都會有痛苦或者受傷，還要耗費大量的時間和金錢，犧牲絕大部分個人應酬和愛好，減少與家人相伴的時間。當你疲憊不堪，但是依舊堅實地踏下每一步，拋開所有的雜念，只為了那一點點成績的突破；這對於專業馬拉松運動員來說，卻又那麼地不值一提。

跑馬拉松到底是為了什麼？前面提到過，股神巴菲特在選擇接班人的標準上，有一項就是跑馬拉松。巴菲特認為馬拉松與投資的共通性，就是堅持，但馬拉松與投資相通的重點還有兩個，第一是忍受枯燥的過程，第二是控制自己的欲望。

耗費幾個小時的馬拉松，更多的是挑戰自己的過程，而這個過程並不那麼愉悅，有肉體的疲勞和痛苦，也有精神上的單調與枯燥。跑馬拉松要在很長時間內合理分配自身體力資源，而不是一開始就拚命，這與投資過程中的資金管理有著異曲同工之妙。欲速則不達，能夠堅持跑完全程乃至取得好成績的人，一定是懂得控制自己的欲望，分配好自己資源的人。

我們天生就會跑！雖然這個時代的交通日益便利，人們已經喪失了奔跑的必要，但是奔跑的本能，一直存在於你我沸騰的熱血之中。馬拉松比賽，激發

了人們奔跑的雄心，數年數月地在馬路上一步步地跑，揮灑下一滴滴的汗，得到的是在賽道上的煎熬和痛苦，身心疲憊的撞牆①和沮喪，腿部的痠痛無力甚至抽筋。

但是當你最後衝過終點時，那種滿足和快樂，卻又是一種難以言喻的體驗。你從懷疑自我，到跑完 42.195 公里後最終戰勝了自己，這就是跑馬的人。

First you feel like dying, then you feel reborn. 先有瀕死之絕望，方有重生之愉悅。人生雖然艱難，身心依舊堅強，不忘初心，方得始終。每個人都能從跑馬中，跑贏你的人生。

跑馬者哪裡是在跑步，他們是在錘鍊心靈的雜質，是在打造自強的精神。每一場馬拉松，從訓練到比賽的過程，都是人生的一場修行，身體忍受痛苦，生活遵循戒律，心靈得到領悟昇華，只有在 42.195 公里的賽道上真正跑過，才能懂得。

2015 年 1 月一場大雪覆蓋了美國的波士頓，有位神祕男子獨自跑到波士頓馬拉松②的終點線，將厚厚的積雪掃開。他說：「波士頓馬拉松的終點線代表了太多意義，它不應該被積雪覆蓋。」這，就是真愛啊！

馬拉松，其實更像是一場盛會，你不一定要跑得那麼辛苦。忘掉成績吧！這裡不是戰場，不必在乎什麼成績和 PB（編按：個人最佳成績），邊跑邊欣賞沿路風景，與觀眾擊掌互動，跑馬也可以享受地跑，結識全國各地有著共同愛好的跑友，交流跑步心得，你可以收穫更年輕的心態。放慢你的腳步，捕捉更好的心情和風景。

有決心跑馬，好樣的！但並不是每個人抬腿就可以征服半馬或全馬。從下定決心，到真正跑上賽道，為了安全健康，我們還要一步步來，肯定會流汗，

①指在長跑中突然跑不動的狀態，大多是因為供能系統轉換所致，撞牆期會感到疲乏無力。
②波士頓馬拉松開創於1897年，是全球首個城市馬拉松比賽，每年4月在美國麻薩諸塞州波士頓舉行。

還可能經歷傷痛。讓我們來挑戰馬拉松吧！只要出發，就能到達！

半程馬拉松的訓練計畫

　　如果你跑過 10 公里，跑完半馬對你來說，其實並不痛苦。當然還是要一個一個里程漸進跑過，首先要做的是——征服 15 公里。當你第一次跑 15 公里時，可能會大腿痠痛，覺得跑不下去了。在你第一次跑 15 公里之前，可以多跑幾次 12 公里，跑兩週，跑一天休一天，一週 3 次，再開始跑 15 公里，腿就不會那麼痠，膝蓋也不會那麼難受。

　　訓練時，如果你是第一次跑半馬最好有人陪跑，否則可能會堅持不下去，上海訓練營的阿米圖就有著這樣的心路歷程。第一次訓練跑半馬時，多虧有小夥伴的陪同加油，平常也就是跑個 10 公里就能收工回家了，不用再繼續堅持下去，可一次半馬的長距離訓練，10 公里只是 47% 的旅程，想要完成剩下的半程，必須要加上艱苦的堅持，想著小夥伴一直在加油，不能讓他們失望啊！

　　除了堅持，還得加上小僥倖，因為堅持下去的信念只比想放棄的心魔多了

那麼一點點。阿米圖，再努力一下吧！萬一就這樣完成了呢？跑完這次半馬距離，她想，或許跑步和生活都是一樣的，舒適圈的任務總是輕易達到，就怕太過迷戀所謂的成績。想時刻提醒自己，走得還不夠遠，再努力，就能看到新的風景，就能成為一個新的自己。

　　理論上你只要具備 8 分 30 秒跑

在朋友的陪伴和鼓勵下，圖中戴眼鏡的姑娘阿米圖，順利完成了半馬的訓練，這就是團結的力量啊！

完 1 公里的實力,就能在 3 小時關門時間內跑完半馬,這個速度與走路相比其實也快不了多少。

大部分的人經過一段時間的跑步訓練,都可以在 2 小時 30 分左右跑完半程馬拉松。可是要跑進 2 小時,跑進 1 小時 45 分,甚至跑進 1 小時 30 分,就必須要付出更多的努力和汗水,這意味著要犧牲你在閒暇時間內其他的愛好才行。

即使你是第一次跑半程馬拉松比賽,提前 8 週,也就是兩個月前進行準備也可以完賽。主要是循序漸進地增加訓練量,切忌急於求成。下方表格為半程馬拉松的每週訓練量,週二是放鬆跑,週四是速度跑,週五是間歇跑,週日是長距離跑。這個訓練計畫並不是很難,關鍵是要堅持完成。

 半程馬拉松每週訓練表

日期	訓練內容
週一	休息
週二	準備活動,放鬆跑5公里左右(比比賽配速慢20〜30秒)
週三	休息
週四	準備活動,快速跑5〜6公里(比比賽配速快20〜30秒)
週五	準備活動,間歇跑4〜5×1000公尺(比比賽配速快20〜30秒,間歇時間為心率降到120〜130時進行下一組練習)
週六	休息
週日	準備活動,長距離LSD跑,公里數根據自身情況循序漸進地增加。一般半程馬拉松的每週訓練量(公里):6－8－10－12－14－16－18－20(比比賽配速慢20〜30秒)

賽前訓練──長距離慢跑

即使長距離慢跑(LSD)在你每週的訓練中都有體現,也要在正式比賽兩週前進行一次半馬,或者至少 18 公里的訓練。你要是想創下 PB,最好進行

一次 25 公里慢跑。

　　如果你是第一次參加半馬比賽，而平常很少或沒有跑過長距離，那麼賽前跑一次，能夠一定程度地克服緊張感，並預先體驗比賽過程可能會發生的情況，也好有個對策，比如說跑著跑著渴了、餓了，想上廁所等狀況。

　　賽前的 LSD 配速可以比正式比賽時的配速慢 20 ～ 30 秒，比如你一直是530（編按：即 5 分 30 秒）的配速跑，這時可以用 600（編按：即 6 分鐘）的配速跑。這一次的 LSD，一定要均速，步態要有節奏，呼吸要均勻，不能忽快忽慢。不建議最後衝刺跑，保持速度即可，除非你確實有一定的實力。

賽前準備──半馬賽前 24 小時

　　從未參加過半馬賽的你，在比賽前的 24 小時，一定很緊張吧？從第一場半馬開始，應該要養成良好的賽前準備工作，為以後所有的馬拉松比賽打下堅實的基礎。

賽前一天 8：00

　　比賽時間通常為週日早上 7 點 30 分或 8 點，可以在賽前一天去熟悉場地。備戰條件充足的跑者可以開車巡視第二天要跑的賽段，哪裡有上坡，哪裡拐彎等，慢跑個兩三公里，找一找感覺，千萬不要衝動跑個全程，除非你實力非凡。

賽前一天 13：00 ～ 17：00

　　在這個下午，你可不能長時間睡午覺，這會影響晚上的睡眠；也別做過多消耗體力的事，可以聽聽音樂，看看書，或者去周邊看風景。

賽前一天 18：00

　　這是進食的時候。不要吃特別辛辣刺激以及油膩的食物，比如重慶火鍋、紅燒肉之類。以麵條、米飯、饅頭等碳水化合物類為主，吃個八分飽即可。

賽前一天 20：00

檢查好全部比賽裝備，T恤、短褲、壓縮褲、跑鞋、襪子等，別上號碼布，繫好計時晶片，為手機、跑步手錶充好電。將鬧鐘調到第二天早上 5 點 30 分，好提醒自己起床。記得先計畫好明早到比賽場地的交通路線。

賽前一天 22：00

早點睡吧！如果興奮地睡不著，也要躺在床上。不用擔心失眠什麼的，這對你的成績影響不會太大，反正你也不打算跑第一。

比賽當天 5：00

興奮地睡不了了吧？也許你在更早時間就醒了。起床後洗漱，做幾個簡單的拉伸動作，讓身體清醒起來。可以多喝點水，上洗手間盡量排空，讓身體做好準備。

比賽當天 5：30

早餐以清淡為主，麵包、牛奶、蜂蜜、雞蛋等，但必須在比賽前兩小時進食。賽前 1 小時不要吃任何含糖類食品以及雞蛋、牛奶等，尤其不能喝冷的牛奶，可以喝點咖啡，讓你有點小興奮。

比賽當天 6：00

早點出發去比賽場地，和夥伴們會合。寧願早一些，也不要在時間上趕得太匆忙。

　　至少提前 30 分鐘到場地，和夥伴們合影、互相鼓勵，以及過安檢和寄放物品。進入出發點前，最好再上一次廁所，進行簡單的熱身，找到自己的起跑區，檢查鞋帶是否繫緊。和夥伴們一起打氣加油，讓整個人興奮起來。

　　出發點人山人海。心率會上升，冷靜深呼吸，準備好手機上的跑步 APP，測試一下跑步手錶。進入比賽狀態。

關於上廁所的提醒

　　建議在比賽前 2 小時開始排空腸胃。如果是早上 8 點開賽的話，6 點左右要完成排空，接著可以再吃點東西；否則跑步過程中胃腸負擔太大。不要喝冷的牛奶，可能會導致比賽過程中拉肚子。

　　在比賽現場，很多人會有尿意，這多數是賽前緊張導致的。雖然出發點附近的洗手間常會覺得不夠用，但是請耐心排隊，男生上廁所的速度還是比較快的。在城市裡舉辦的馬拉松比賽，像是北京馬拉松曾經的尿紅牆（編按：因賽事主辦方廁所設置不足，使選手因內急而沿途就地解便的事件），畢竟不衛生也不雅觀，好在如廁問題現今已經得到解決。

注意補水或補充能量

　　如果你半程馬拉松跑得較少，在 15 公里左右時可能會出現疲勞。提前準備好的能量果膠，在賽前 15 分鐘可以吃一包，當然也可以不吃。到 5 公里、10 公里和 15 公里時，再分別吃一包。在 18 公里以後就不要吃了，因為後半程時消化系統裡的血液較少，都流去補充四肢肌肉了，所以有的人會覺得吃了能量果膠沒有什麼用。能量果膠很稠，最好在補水站和水一起吃下去，注意吃了能量果膠就不要再喝機能性飲料。

跑馬，特別是溫度較高時，身體大量排汗，同時鉀、鈉、鈣、磷等電解質也被排出而導致體液失衡，機體調節能力下降，體溫升高，心跳加速。這時補充水分和電解質就很重要了。能量果膠能夠補充一些電解質，因此通常不需要吃鹽丸。

一般每 5 公里都會有一個補給站，建議逢站必進，即使你不渴，也要小口喝點水潤潤嗓子。吃能量棒的話，乾乾澀澀的，必須配水才能化開嚥下去。很多賽事會提供香蕉，可以吃一小段，消化吸收比能量棒還快。

如果你不強調速度，就是開開心心地跑完，一路上可以慢點跑，享受風景和各種補給品。

半馬的理想配速

配速，是英文 pace 的音譯，是指每公里所花費的跑步時間，比如每公里跑 6 分鐘，那麼配速就是 6 分鐘。它不僅僅是關於距離和時間的速度概念，也是強度的體現。如果你計畫 2 小時 20 分以內跑完半馬，那配速應該控制在 6 分 10 秒。

你能跑 10 公里，不意味著就能跑好半馬。在馬拉松跑步中，體力的分配非常重要，直觀地體現在配速上，專業運動員都是越跑越快，而業餘跑者則大多數是越跑越慢。第一次跑馬拉松的人，無論半馬還是全馬，開始時不要跑得太快，不要衝動，要穩定心緒，按自己設定好的配速跑。

根據你的 10 公里跑，預估你在後面會有一定程度的掉速，要完成一個半程馬拉松的成績，可以參考下頁的備戰訓練配速表。如果你可以均速跑完，或者後半程還能夠加快，成績當然會很理想。其實半程馬拉松有一點點難，但是不是真的很難。只要你的 10 公里跑配速在 8 分鐘，就可以在 3 小時內完賽，這個速度也就是快步走的速度。

半程馬拉松備戰訓練配速表

10公里		15公里		半程馬拉松	
配速	成績	配速	成績	配速	成績
00:08:00	01:20:00	00:08:16	02:04:00	00:08:27	02:58:24
00:07:00	01:10:00	00:07:14	01:48:30	00:07:24	02:36:06
00:06:30	01:05:00	00:06:43	01:40:45	00:06:52	02:24:57
00:06:00	01:00:00	00:06:12	01:33:00	00:06:20	02:13:48
00:05:30	00:55:00	00:05:41	01:25:15	00:05:49	02:02:39
00:05:00	00:50:00	00:05:10	01:17:30	00:05:17	01:51:30
00:04:30	00:45:00	00:04:39	01:09:45	00:04:45	01:40:21

　　為了提高馬拉松賽事的水準，馬拉松主辦方開始對成績有所要求。比如2014 年上海馬拉松開通了精英特別通道，只要去年的上海馬拉松達到規定的成績要求，就可以優先獲得本年度跑馬資格。具體的要求是，半馬男子組 1 小時 45 分，女子組 2 小時；全馬男子組 3 小時 45 分，女子組 4 小時。

　　如果你跑過多次半馬，應該有經驗了吧？可以不用保存體能。在前半程，按照 10 公里的實力水準，掌握自己的步頻和呼吸，盡情奔跑吧！兩步兩吸、兩步兩呼，兩步一吸、兩步一呼，或者三步一呼、三步一吸，平常練就的呼吸大法，此時可以幫助你穩住自己的配速。如果呼吸沉重紊亂，就要降低速度。

　　當你跑過 10 公里，到 15 公里，如果平常跑得少，這時會出現極點，也就是撞牆，你覺得體力耗盡了嗎？你不想跑了嗎？可以減速跑，但是不要走，更不能停，堅持住，跑過 16 公里就會好轉。不要和身邊的人拚速度，一開始大家都有體力，但你拚完了後面就衝不動了，體力要省著點。如果你感到很不舒服，並且胸悶氣短，停下來慢慢走，必要時要向志工和醫護人員求助。

他們是2014年蘇州馬拉松的領跑員「兔子」們，跟隨一個美女兔或帥哥兔一起跑步，一定會讓你產生額外的動力。

跑馬過程──跟著「兔子」跑

要想跑出理想的成績，最有效的是跟著「兔子」跑。之所以稱那些領跑員（pacer）為「兔子」，是因為他們會戴著美麗的兔耳朵（編按：中國領跑員的特色，其他國家多只是別上象徵氣球），特別吸引人。在比賽時，往往可以看到一群人跟隨著一個或兩三個「兔子」一起跑，上面飄著的氣球標示著他的完賽時間是 200（2 小時）或是 230（2 小時 30 分）。

「兔子」的實力都比較強，一個標示 200 的「兔子」，應該能在 1 小時45 分完賽。一個 230「兔子」，通常能在 2 小時多一點的時間內完賽。一個優秀的「兔子」對整個 21.0975 公里要有很好的評估與經驗，最好預習跑過一次。他不能自己隨機發揮，必須均速跑，對賽道熟悉，充分計畫每 1 公里、5 公里、10 公里和 15 公里時的配速。

「兔子」要考慮到每 5 公里或者 2.5 公里要補水，途中要吃能量果膠等，大家的配速會有所遲滯。跑步的過程中還要能輕鬆說話，以鼓勵大家跟上。比如 200「兔子」，最好的配速是在 535，不能掐死在 540，否則可能會因為各種意外導致跑不進 2 小時。「兔子」的手機 APP，還有跑步手錶，必須精確，最好兩個都打開，並且在每次賽道里程的提示下修正自己的配速。

當然，要和「兔子」一樣跑完，你得在出發點就和「兔子」一起跑。還有，並不是所有的「兔子」都是可靠的。有些「兔子」如果沒有事先準備，忽快忽慢，反而會打亂你的節奏，跑出差錯。

終點前──穩住配速，不要衝刺

如果你不是特別有水準的跑者，我的忠告是在終點前 2 ～ 3 公里的時候不要加速衝刺，不要受兩邊觀眾「加油！加油！」聲音的蠱惑。近年發生多起的不幸事件，大都是在半馬的終點前發生的。

我的建議是，終點前 2 公里時，要穩住你的配速，穩穩地跑向終點。臨近終點前 100 公尺時，如果你覺得真的有體力，可以興奮地來個小衝刺。

跑後──冷身拉伸

半程馬拉松，是一場耗體力的比賽活動，這比平常的訓練強度會大很多。衝過終點後，千萬不能躺在地上大大地喘氣，要繼續慢跑或快走，不能停，冷身運動必須要做。因為運動過程中，心肺把血液都輸送到全身各處的肌肉中了，肌肉的收縮來幫助靜脈收縮把血液回送到心臟；如果你停下來，使肌肉無法收縮幫助血液回流，血液就會堆積在四肢。你將會大腦缺氧，有可能會失去知覺而發生意外。

當心率降下來後，用主辦方發送的寬大塑膠布或大毛巾鋪在地上，可以背部著地，雙腿向上，這樣能讓血液很好地回流。

常規的拉伸部位，包括腹股溝內收肌、膕繩肌、大腿股四頭肌、臀大肌、髂脛束、小腿跟腱（編按：即阿基里斯腱，是小腿主要肌腱）等。靜態拉伸，至少維持 15 ～ 20 秒。具體的拉伸動作，請參考 Chapter 3 篇章中的 p.70。

漂洋過海去雅典跑馬，為的不是榮譽，而是心中對馬拉松的熱愛和堅持！

全程馬拉松的訓練計畫

當跑過幾個半馬後，你一定想去突破自己的極限，挑戰全程馬拉松。

這是一條成就你夢想的 42.195 公里長的跑道。雖然有人說，跑過半馬就可以跑全馬，然而跑全馬和跑半馬完全是不同體驗，只有跑過才明白其過程的艱辛痛苦和衝過終點的興奮愉悅。

不用畏懼腳下的跑道，如果你只是用比走快一點的速度跑，也就是每公里 7 分鐘的配速，你就可以在 6 小時的關門時間內完成自己的首場全程馬拉松。

如果你沒有完賽計畫，可以在手機跑步軟體或在一些跑步網站上，下載一個全馬訓練計畫。只要輸入你跑 10 公里的跑步成績，就會為你製訂一個訓練表。只要循序漸進、百分百地完成這些計畫，很多人都能輕鬆完賽，甚至跑進 5 小時。

後續介紹的是分別在 6 小時、5 小時和 4 小時內完賽全馬的訓練計畫，完全是按照業餘跑馬者的實際情況來製訂的。其核心的訓練內容簡單易行，主要包括配速跑、漸進加速、長距離慢跑和坡道跑。只要有一塊跑步手錶，配上心率帶，就可以完成自己的訓練計畫。因為完賽要求不一樣，訓練要求也會隨之而調整。

全馬備戰──跑進 6 小時

只要你能夠輕鬆跑完 10 公里，就是比快走再快那麼點的速度，那你就能開始挑戰全馬的訓練。如果你跑完 10 公里耗時 75 分鐘，配速為 7 分 30 秒，則理論上全馬的配速在 8 分 25 秒，耗時 5 小時 55 分 12 秒，即在關門時間 6 小時內完賽。

全馬跑進6小時的配速表

距離	10公里	15公里	20公里	25公里	30公里	全程馬拉松
成績	01:15:00	01:56:15	02:38:15	03:21:23	04:05:11	05:55:12
平均配速	00:07:30	00:07:45	00:08:03	00:07:31	00:08:10	00:08:25

為了 6 小時內跑完全程馬拉松，作為業餘跑者，不要過分追求速度。主要的訓練內容包括以下 4 項：

- 每公里7分鐘的配速跑，可以培養並控制你當下1公里的步頻感覺，這意味著每1公里都會在你的直覺掌控中。

- 90分鐘的LSD訓練，關鍵在於時間長，而不一定是距離長。你可以嘗試著找一找工作生活中不同的長距離路線，來增加跑步的新鮮感，以免對重複的路線產生厭煩。注意長時間跑步時的水分補充，特別是夏天。可以預先準備，也可以帶些零錢途中購買運動飲料。

- 10公里的漸進加速跑，這是業餘跑者中最基本的增強跑步能力的訓練內容。首先以很慢的固定速度進行1公里的熱身，比如說10分鐘跑1公里左右。然後開始加速到1公里跑8分鐘，再加速到1公里跑7分鐘並維持較長距離，接著降速到8分鐘跑1公里，再10分鐘跑1公里。

- 坡道跑的練習非常重要，即使是城市舉辦的馬拉松比賽，你也會遇上橋梁等上坡下坡路線。上坡跑時，不必使用與平地一樣的步幅，否則會增加身體負

擔。步幅小些，加快擺臂，節奏自然就會快起來。上坡時身體不要前傾，頭部抬起來，不要看地面。下坡跑時，很可能會不由自主地跑得飛快，注意控制速度，腰背挺直，身體不要前傾。但是也不要特意 車式地往前跑，這樣對膝蓋的傷害會更大，要找到腳著地後即起行雲流水似的感覺。

以上述為主要內容，我們可以製訂一個 10 週以上的比賽訓練計畫，配速跑和漸進加速跑可以安排在週一到週五中的任何兩天，在週六或週日安排LSD 訓練。

全馬跑進6小時──10週以上的比賽訓練表

階段	週一	週三	週六	其他休息日
第一階段 2～3週	5公里配速跑 ·9分／公里，跑1公里 ·8分／公里，跑3公里 ·9分／公里，跑1公里	7公里配速跑 ·9分／公里，跑1公里 ·8分／公里，跑5公里 ·9分／公里，跑1公里	60分鐘 LSD	休養身體，安排肌肉核心力量的練習
第二階段 2～3週	含坡道5公里配速跑 ·8分／公里，跑1公里 ·7分／公里，跑3公里 ·8分／公里，跑1公里	7公里配速跑 ·8分／公里，跑1公里 ·7分／公里，跑5公里 ·8分／公里，跑1公里	60～90分鐘 LSD	休養身體，安排肌肉核心力量的練習
第三階段 2～3週	7公里配速跑 ·7分30秒／公里，跑1公里 ·7分／公里，跑5公里 ·7分30秒／公里，跑1公里	9公里配速跑 ·7分30秒／公里，跑1公里 ·7分／公里，跑7公里 ·7分30秒／公里，跑1公里	60～90分鐘 LSD	休養身體，安排肌肉核心力量的練習

（續表）

階段	週一	週三	週六	其他休息日
第四階段 2週以上 至比賽開 始前2週	含坡道10公里配速跑 ・7分30秒／公里，跑1公里 ・7分／公里，跑8公里 ・7分30秒／公里，跑1公里	10公里漸進加速跑 ・7分／公里，跑2公里 ・6分30秒／公里，跑6公里 ・7分／公里，跑2公里	120分鐘LSD	休養身體，安排肌肉核心力量的練習
第五階段 比賽開始 前2週	7公里配速跑 ・8分／公里，跑1公里 ・7分30秒／公里，跑5公里 ・8分／公里，跑1公里	9公里配速跑 ・8分30秒／公里，跑1公里 ・8分／公里，跑7公里 ・8分30秒／公里，跑1公里	60分鐘LSD	休養身體，安排肌肉核心力量的練習

全馬備戰──跑進 5 小時

　　挑戰全馬 5 小時，必須具備在 1 小時內輕鬆跑完 10 公里的水準，理論上你可以 4 小時 44 分跑完全馬，和 6 小時內跑完全馬相比，在訓練上有著新的要求，包括 1 小時的自由跑，1 公里 6 分鐘到 5 分 30 秒的配速跑，20 公里的 LSD 訓練和 12 公里的漸進加速跑。

　　進行 1 小時的自由跑，目的是為了找到跑步時步頻和步速的感覺，同時要注意呼吸的配合。其中最好加上坡道跑，城市裡可以找一座有長坡的橋梁或其他適合的坡道實行上下坡的訓練。

　　配速跑，包括馬拉松比賽速度 600 的配速跑，以及加快到 530 的配速跑。LSD 除了 60 ～ 90 分鐘跑，還有 20 公里的馬拉松比賽配速跑，試試用 600 的配速來跑完 20 公里。漸進加速跑的距離拉長到 12 公里，配速從 600 到 530，甚至到 500 也能跑上 1 ～ 2 公里。

　　下頁表格為可供參考的 5 小時跑完全程馬拉松的配速表，後半程已經為跑者考慮到掉速的因素。

全馬跑進5小時的配速表

距離	10公里	15公里	20公里	25公里	30公里	全程馬拉松
成績	01:00:00	01:33:00	02:06:36	02:41:06	03:16:08	04:44:10
平均配速	00:06:00	00:06:12	00:06:20	00:06:27	00:06:32	00:06:44

以上述為主要目標，我們可以製訂一個 10 週以上的比賽訓練計畫，配速跑和加速漸進跑可以安排在週一到週五的任何兩天，在週六或週日安排 LSD，以及 20 公里的配速跑。

全馬跑進5小時──10週以上的比賽訓練表

階段	週一	週三	週六	其他休息日
第一階段 2～3週	10公里配速跑 ·7分／公里，跑1公里 ·6分／公里，跑8公里 ·7分／公里，跑1公里	·含坡道60分鐘自由跑 ·選擇一個有坡道的地段，自由跑1個小時，練習步頻	60分鐘 LSD	休養身體，安排肌肉核心力量的練習
第二階段 2～3週	10公里配速跑 ·6分30秒／公里，跑3公里 ·5分30秒／公里，跑4公里 ·6分30秒／公里，跑3公里	10公里漸進加速跑 ·7分／公里，跑1公里 ·6分／公里，跑3公里 ·5分／公里，跑1公里 ·6分／公里，跑3公里 ·7分／公里，跑2公里	60～90分鐘 LSD	休養身體，安排肌肉核心力量的練習

（續表）

階段	週一	週三	週六	其他休息日
第三階段 2～3週	10公里配速跑 ・6分／公里， 　跑2公里 ・5分30秒／公 　里，跑6公里 ・6分／公里， 　跑2公里	12公里漸進加速跑 ・6分／公里，跑2公里 ・5分30秒／公里，跑 　4公里 ・5分／公里，跑2公里 ・5分30秒／公里，跑 　2公里 ・6分／公里，跑2公里	20公里的6 分鐘／公里 比賽配速跑	休養身體，安 排肌肉核心力 量的練習
第四階段 2週以上至 比賽開始前 2週	・含坡道60公里 　自由跑 ・選擇一個有坡 　道的地段，自 　由跑1個小 　時，練習步頻	12公里漸進加速跑 ・6分／公里，跑2公里 ・5分30秒／公里，跑 　4公里 ・5分／公里，跑2公里 ・5分30秒／公里，跑 　2公里 ・6分／公里，跑2公里	120分鐘 LSD	休養身體，安 排肌肉核心力 量的練習
第五階段 比賽開始 前2週	10公里配速跑 ・6分30秒／公 　里，跑1公里 ・6分／公里， 　跑8公里 ・6分30秒／公 　里，跑1公里	10公里漸進加速跑 ・6分／公里，跑3公里 ・5分30秒／公里，跑 　5公里 ・6分／公里，跑2公里	60～90分鐘 LSD	休養身體，安 排肌肉核心力 量的練習

全馬備戰──跑進 4 小時

　　挑戰全馬 4 小時，是業餘跑者完全可以達到的目標，全程的配速要求在 5 分 30 秒左右。如果前半程快了，後半程可以適當地慢下來。比如前半程的配速在每公里 5 分鐘，那麼後半程的配速最慢可以到每公里 6 分鐘。

　　與 5 小時跑完全馬相比，必須增加的訓練內容包括 1 公里 5 分鐘配速跑、

10 公里計時跑、間歇跑、14 公里的漸進加速跑、20 公里配速跑和 32 公里以上 LSD 訓練。

配速跑——1 公里 5 分鐘

　　為了在目標時間內完成比賽，必須訓練出自己的配速。要在 4 小時內抵達終點，全程馬拉松要求掌握的配速是 1 公里 5 分 30 秒。在訓練中要以此或以更快的配速跑，讓身體習慣這樣的速度。進行 1 公里跑 5 分鐘的配速跑，至少要跑 15 ～ 20 公里。

計時跑——10 公里 50 分鐘

　　用較快的步頻計時跑，可以確定自己設定的距離需要多長時間跑完。要想在 4 小時內跑完全程馬拉松，須具有 50 分鐘內跑 10 公里的能力。儘管也可以進行 5 公里跑 25 分鐘的計時跑，但是最好是 10 公里的 50 分鐘計時跑，盡量跑出接近 45 分鐘的水準。透過進一步的訓練，你就可以在 1 小時 50 分到 2 小時內跑完半程馬拉松，在 4 小時內跑完全程馬拉松。在此基礎上設計的耐力訓練和速度訓練如下表。

耐力與速度訓練表——全馬跑進 4 小時

耐力訓練			速度訓練	
模式	每公里（分鐘）	距離（公尺）	每公里（分鐘）	間歇時間（分鐘）
輕鬆跑	5:50～6:10	400	1:45～1:50	2
耐力跑	5:20～5:25	800	3:40～3:50	4
乳酸門檻跑	5:00～5:15	1000	4:40～4:50	5

間歇跑

進行 400 公尺、800 公尺或 1000 公尺的間歇跑，可以有效提高你的跑步速度和心肺能力。要求每週進行一次，具體的訓練要求可以參考上表中的速度訓練。

間歇跑前須進行至少 1 ～ 2 公里的熱身跑，並完成一個 30 ～ 50 公尺的衝刺跑，讓心率適應即將開始的高強度訓練。至於間歇時間，可以等心率降到 130 再開始下一組，上頁訓練表時間可供參考。

頭 4 週可以進行 400 公尺的間歇跑，要求做 10 組。後面的訓練可以加強度進行 800 公尺間歇跑，這也是前面提過的亞索 800 訓練法（請參考本書 Chapter 5 的 p.109），從 4 組逐漸增加到 10 組。如果進行 1000 公尺間歇跑，也要逐漸增加到 4 ～ 8 組。

LSD

LSD 的訓練，按每 4 週作為一個單元來執行。第一個 4 週為 15 公里的 LSD；第二個 4 週增加到 20 公里的 LSD；第三個 4 週增加到 32 公里以上的 LSD，特別是要通過如此長距離的 LSD 來知道自己的撞牆點；最後 4 週的前兩週減為 20 公里，最後兩週按比賽速度進行 16 公里配速跑。

在全程馬拉松比賽來臨前 4 個月，製訂一個為期 16 週的訓練計畫，以每 4 週為一個訓練階段，可以有效地幫助你順利完成所期待的全程馬拉松。

第一階段的 4 週訓練內容，主要包括 5 公里 25 分鐘計時跑，10 公里 50 分鐘計時跑，10×400 公尺的間歇跑，以及配速在 6 分～ 6 分 30 秒跑 15 公里的 LSD。每週的時間可以自行按實際情況調整；但是不要多跑，一週 2 ～ 3 次跑休是必要的，跑休日可以進行核心肌肉群和心肺能力的鍛鍊。

漸進加速跑── 14 公里

　　從慢到快再到慢的漸進加速跑好處頗多，特別是可以加強心肺功能，提高衝刺能力。設計 14 公里的漸進加速跑，可以在臨近比賽前 2 週內實行。具體的設定為：5 分 30 秒／公里跑 2 公里＋ 5 分／公里跑 6 公里＋ 4 分 30 秒／公里跑 3 公里＋ 5 分 30 秒／公里跑 3 公里。

　　如果你在漸進跑的過程中，尤其是 4 分 30 秒的配速跑的距離越長，你的全馬成績會越好，不僅僅是跑進 400，有可能是跑過 350 的理想成績。如果 430 的配速對你來說實在太困難，也至少要堅持跑 1 公里以上才有效果。

全馬跑進4小時──第一階段的LSD訓練表

週別	週一	週二	週三	週四	週五	週六	週日
1	跑休	5公里計時跑	10公里跑，包括坡道	跑休	10公里輕鬆跑	跑休	15公里LSD
2	跑休	10公里計時跑	10公里跑，包括坡道	跑休	10×400公尺間歇跑	跑休	15公里LSD
3	跑休	10×400公尺間歇跑	10公里輕鬆跑	跑休	12公里配速跑 ・6分／公里，跑2公里 ・5分／公里，跑8公里 ・6分／公里，跑2公里	10公里輕鬆跑	15公里LSD

（續表）

週別	週一	週二	週三	週四	週五	週六	週日
4	跑休	10公里 輕鬆跑	12公里漸進加速跑 ・5分30秒／公里，跑2公里 ・5分／公里，跑6公里 ・4分30秒／公里，跑2公里 ・5分30秒／公里，跑2公里	跑休	10×400公尺 間歇跑	10公里 輕鬆跑	15公里 LSD

　　第二階段的 4 週訓練內容中，主要包括了 10 公里 50 分鐘計時跑，以及 4～6×800 公尺的間歇跑，12 公里的配速跑和漸進加速跑，配速在 6 分～6 分 30 秒跑 20 公里的 LSD。同第一階段，每週的時間可以自行按實際情況進行調整；但不要多跑，一週保證 2 次跑休，跑休日可進行核心肌肉群和心肺能力的鍛鍊。後面兩個階段也是如此。

全馬跑進4小時──第二階段的LSD訓練表

週別	週一	週二	週三	週四	週五	週六	週日
1	跑休	10公里 計時跑	4×800公尺 間歇跑	跑休	12公里漸進加速跑 ・5分30秒／公里，跑2公里 ・5分／公里，跑6公里 ・4分30秒／公里，跑2公里 ・5分30秒／公里，跑2公里	10公里 輕鬆跑	15公里 LSD
2	跑休	10公里 計時跑	10公里跑， 包括坡道	跑休	4×800公尺 間歇跑	10公里 輕鬆跑	15公里 LSD

（續表）

週別	週一	週二	週三	週四	週五	週六	週日
3	跑休	6×800公尺間歇跑	12公里配速跑 ・6分／公里，跑2公里 ・5分／公里，跑8公里 ・6分／公里，跑2公里	跑休	12公里漸進加速跑 ・5分30秒／公里，跑2公里 ・5分／公里，跑4公里 ・4分30秒／公里，跑3公里 ・5分30秒／公里，跑3公里	10公里輕鬆跑	20公里LSD
4	跑休	12公里配速跑 ・6分／公里，跑2公里 ・5分／公里，跑8公里 ・6分／公里，跑2公里	12公里漸進加速跑 ・5分30秒／公里，跑2公里 ・5分／公里，跑4公里 ・4分30秒／公里，跑4公里 ・5分30秒／公里，跑2公里	跑休	6×800公尺間歇跑	10公里輕鬆跑	20公里LSD

　　第三階段的 4 週訓練內容，主要包括 10 公里 45 ～ 50 分鐘計時跑，6 ～ 8×800 公尺的間歇跑，12 公里、14 公里和 16 公里的配速跑，以及配速在 6 分～ 6 分 30 秒跑 20 公里，到 32 公里以上的 LSD。

全馬跑進4小時──第三階段的LSD訓練表

週別	週一	週二	週三	週四	週五	週六	週日
1	跑休	10公里計時跑	6×800公尺間歇跑	跑休	12公里配速跑 ・5分30秒／公里，跑4公里 ・4分30秒／公里，跑4公里 ・5分30秒／公里，跑4公里	10公里輕鬆跑	20公里LSD
2	跑休	15公里計時跑	12公里配速跑 ・5分30秒／公里，跑4公里 ・4分30秒／公里，跑4公里 ・5分30秒／公里，跑4公里	跑休	6×800公尺間歇跑	10公里輕鬆跑	25公里LSD
3	跑休	8×800公尺間歇跑	12公里配速跑 ・5分30秒／公里，跑4公里 ・4分30秒／公里，跑4公里 ・5分30秒／公里，跑4公里	跑休	14公里配速跑 ・5分30秒／公里，跑4公里 ・4分30秒／公里，跑5公里 ・5分30秒／公里，跑5公里	10公里輕鬆跑	32公里LSD

（續表）

週別	週一	週二	週三	週四	週五	週六	週日
4	跑休	14公里配速跑 ・5分30秒／公里，跑4公里 ・4分30秒／公里，跑6公里 ・5分30秒／公里，跑4公里	8×800公尺間歇跑	跑休	16公里配速跑 ・5分30秒／公里，跑3公里 ・5分／公里，跑10公里 ・5分30秒／公里，跑3公里	10公里輕鬆跑	32公里以上LSD

第四階段的 4 週訓練內容，主要包括 12 公里、14 公里、16 公里、20 公里的配速跑，最後兩週減少跑量。

全馬跑進4小時──第四階段的LSD訓練表

週別	週一	週二	週三	週四	週五	週六	週日
1	跑休	10公里配速跑 ・5分30秒／公里，跑2公里 ・4分30秒／公里，跑6公里 ・5分30秒／公里，跑2公里	6×800公尺間歇跑	跑休	12公里配速跑 ・5分30秒／公里，跑3公里 ・4分30秒／公里，跑6公里 ・5分30秒／公里，跑3公里	跑休	20公里配速跑 ・5分30秒／公里，跑2公里 ・5分／公里，跑16公里 ・5分30秒／公里，跑2公里

（續表）

週別	週一	週二	週三	週四	週五	週六	週日
2	跑休	12公里配速跑 ·5分30秒／公里，跑3公里 ·4分30秒／公里，跑6公里 ·5分30秒／公里，跑3公里	14公里配速跑 ·5分30秒／公里，跑2公里 ·4分30秒／公里，跑10公里 ·5分30秒／公里，跑2公里	跑休	14公里漸進加速跑 ·5分30秒／公里，跑2公里 ·5分／公里，跑6公里 ·4分30秒／公里，跑4公里 ·5分30秒／公里，跑2公里	跑休	20公里配速跑 ·5分30秒／公里，跑2公里 ·5分／公里，跑16公里 ·5分30秒／公里，跑2公里
3	跑休	5公里計時跑	10公里配速跑	跑休	16公里配速跑	跑休	10公里配速跑
4	跑休	16公里配速跑	10公里配速跑	跑休	10公里配速跑	跑休	5公里配速跑

全程馬拉松比賽攻略

能量補給──賽前、賽中、賽後三階段

進行 42.195 公里的全程馬拉松，只靠我們平時儲存的能量是不夠用的，所以賽程中間的補給很重要。

在 5 公里和 10 公里時，即使你不渴也要喝點水。喝水時，把紙杯捏出一個小三角，小口小口地邊慢跑邊喝，不要停下來喝水，喝三到四口就可以了。一般情況下鹽丸是備用品，不是必需品，因為能量果膠裡面已經含有充足的電解質；但是在特別熱的天氣下大量出汗時，補充鹽丸很有必要。

全馬賽程中的補給品建議

距離 補給	5公里	10公里	15公里	20公里	25公里	30公里	40公里
水	√	√	√	√	√	√	√
飲料		√	√	√	√	√	√
能量果膠		√	可選擇	√	可選擇	√	
鹽丸			√		√		

像牙膏一樣的能量果膠是全馬征程必不可少的補給物。能量果膠轉化為能量的時間大約為 30 分鐘，所以要提前吃，可以在每 5 公里處的補給站補水時食用，吸收起來會更快些。

現在的比賽都會供應能量棒，不過大家會覺得太難以下嚥吧？如果你跑得較慢，當然可以端著水杯一起慢慢享受。如果你想跑出自己的 PB，也可以不吃能量棒，盡可能吃自己準備的能量果膠或香蕉，消化吸收快，一根香蕉的能量足以為你加油 5 公里。

比賽中的體能當然不能光靠這些比賽補給品來完成，在賽前一週，跑者就要開始減少跑量，注意飲食來儲存能量了，賽後更要注意及時補充營養。全馬具體的營養補給如下頁表格所示。

全馬備戰三階段的營養補給建議

時間	營養補給	補給品
賽前	賽前5～7天：每公斤體重每天攝取1.5公克碳水化合物	米飯和麵條等， 每天一杯乳清蛋白； （訓練時適量補充能量棒和固體飲料）
	賽前3～4天：提高碳水化合物的攝取，每公斤體重攝取1.7～2公克碳水化合物	
	賽前2～3天：減少食物堆積，以低膳食纖維飲食為主	
	賽前2～4小時：吃飯時可適當補充一些蛋白質類食物或飲品	雞蛋、穀物、魚類，一杯乳清蛋白，一粒維他命咀嚼片
	賽前1～2小時：補充碳水化合物	能量棒
	賽前30分鐘：飲用100～300毫升專業運動飲料	運動飲料
賽中	每小時補充水分不要超過500毫升	水或運動飲料
	每兩個小時補充1～2根能量棒，每10公里補充1包能量果膠	能量果膠、能量棒，水（不要喝運動飲料）
賽後	賽後半小時補充容易消化的點心、蛋白質類食物等	優酪乳、麵包、能量棒和水
	補水以運動飲料為主，以補充能量、蛋白質和電解液等正餐宜在賽後2～4小時進行，補充高碳水化合物和蛋白質類食物	運動飲料，雞蛋、牛奶、魚和米飯等
	切忌喝大量的啤酒、紅酒、白酒和香檳	

全馬分段策略

　　大家都說全馬的賽程是 35 公里＋ 7 公里的比賽，前面 35 公里只是熱身，真正的比賽在最後 7 公里。實際上業餘跑者，特別是初次跑全馬的人，一定要在賽前做好最充分的準備。看看北京馬拉松比賽在 35 公里時，進入奧森公

在馬拉松賽的開始階段要講究策略，不要盲目爭先，注意跑出自己的節奏。

園的很多人已經是筋疲力盡只能走向終點了。

如果你想在規定時間內完成比賽，比如全馬進 4 小時是你的目標，那麼配速的合理安排非常重要，而最合理的配速便是全程均速。

前半程的 21 公里要輕鬆完成，不能跑得辛苦。在出發衝出起跑線後，你一定會非常興奮，很多人會跑得很快，這是最要不得的。前 2 ～ 3 公里，我們在人群裡左突右轉，想要突破重圍。第 1 公里可以用目標配速來跑，或者稍慢點。在跑出 3 公里後，人群會跑得比較有規律也不再混亂了。這個時候可以用 3 ～ 5 公里來調整跑姿，輕鬆地跑出節奏來。

跑過一個 21 公里後，我們向著 35 公里奔跑。你平常的訓練積累就體現在這 14 公里過程中。跑到 30 公里時，疲勞開始不斷腐蝕你的意志，也會看見沿途有人體力不支在步行了。在付出高度體力的同時，心態一定要輕鬆，配速可以慢，但是必須穩住。跑到 35 公里時，你已經消耗了太多太多，很多人就是在最後的 7.195 公里中崩潰的。傳說中的「撞牆」多在此時發生，你筋疲力盡，揮汗如雨，你可能小腿抽筋，或根本邁不動步伐，配速直線下降，這最後的一段路才是馬拉松的真諦。吃掉你早已準備好的最後一包能量果膠吧！想想紅軍長征兩萬五（編按：1930 年代中國工農紅軍的大規模戰略轉移事件，其中最遠的距離走了兩萬五千里。），想想你的情人就在終點用鮮花迎接，發揮出全部潛能，用堅強的意志穩住你的配速。

當你看到 40 公里標誌出現時，無論你體力還有多少，不要猶豫，有體力的話你可以適當加速，衝向閃爍著計時牌的終點。

當然，在最後的幾公里，如果你實在不想跑，就邁步走向終點。沒有人會笑你，因為你會發現一起走向終點的人不在少數，你用你的每一步經歷了 42.195 公里，就是英雄。

衝過終點的禁忌

　　見到終點拱門，很多人會興奮地尖叫著衝過去。除了親友團的簇擁，美女帥哥鮮花的迎接，有些人會筋疲力盡地仰天倒地喘氣，有人會雙膝跪地、雙手合十拜天拜地。

　　但跑完後不能停，千萬不能停！至少在 30 分鐘內不要坐下，更不要躺下。要繼續走動，這樣可以讓心臟血液循環達到最大量而把氧氣帶到全身。你可以一手拿著獎牌，慢慢喝水或是運動飲料，小口吃一些賽事主辦方或者朋友為你準備的可口麵包，補充體力。

拉伸和按摩

　　全馬過後的拉伸和按摩尤為重要。個人拉伸動作可以參考 Chapter 3 的 p.70。

　　如果有同伴幫你拉伸按摩當然是最好了。運動後的按摩，和經絡按摩完全兩回事。運動按摩是從肌肉、肌腱下手，循著肌肉、肌腱構造按摩刺激，使運動產生的身體廢物和停滯的體液特別是血液可以回流，讓因為運動時不斷收縮的肌肉纖維得以重新排列。如果可以的話，請你的後援團帶個泡沫軸（編按：一種滾筒式的健身器材，常用在運動後放鬆肌肉或力量訓練。）在終點等你，用它來按摩雖然當下很痛苦，但是肌肉鬆弛後的感覺可是無比舒爽的。

回到住處後的休息

　　當比賽完後，你會感覺大腿、小腿痠痛無比。回到旅館酒店或者家裡，上洗手間時，你會發現你的尿液呈黃色，記著多喝水或運動飲料。可以沖個熱水澡，但是最好將雙腿浸泡在涼水中 15 分鐘，以緩解肌肉的發炎症狀。沒有浴缸？不要緊，就用水龍頭沖吧！比如北京馬拉松在 10 月下旬舉行，氣溫在 10 度以上，回家後轉開水龍頭用涼水來冷卻消炎。如果是在氣溫高的季節或地區，那只好用冰水了，注意水溫不要太低，以防止凍傷。下午時分，即使腿痠不想走，也要踱步 20 分鐘左右，接著雙腳翹高躺著休息。

跑後恢復

排酸跑

跑完半馬或者全馬後的第二天或第三天，要進行 30 分鐘的排酸慢跑，也就是低心率跑，並且做小步跑和高抬腿，再加上 30 公尺加速跑，抬高兩腿的最大作用是使膝蓋之間的填充液回流，使滑膜細胞分泌出滑液。這樣可以加快血液循環帶走堆積的乳酸，有助於緩解疲勞。如果肌肉還是很痛，可以走走跑跑，或者在室內深蹲練習和高抬腿跳。

賽後飲食

賽後幾天更要注意吃喝，特別要注意用蛋白質、碳水化合物和抗氧化物來啟動身體機能。每餐要含有 200 ～ 300 卡的能量或者是 50 ～ 75 公克的碳水化合物，15 公克的蛋白質和一些抗氧化物。推薦的食物有原味優酪乳、乳酪、全麥餅乾等。

如果比賽後幾日不幸遇上霧霾天氣，則食譜中建議增加山藥、白蘿蔔、蓮藕、銀耳、雪梨、豬血或鴨血等。

恢復訓練

至少一週到 10 天內，除了低心率的排酸跑，不要開始強度訓練，因為身體需要休息，等肌肉慢慢恢復後，再進行隔天一次的恢復性訓練，就是在平緩的道路上慢跑。如果 10 天後訓練無法進入正常狀態，那你可能還在馬拉松的噩夢中沒有復甦。非訓練日可以展開力量練習，游泳是個不錯的選擇，對肌肉有很好的恢復作用，又能對心肺能力進行鍛鍊。

大部分的比賽集中在春、秋兩季。三月、四月份春花爛漫，十月、十一月秋葉紛紛，氣候宜人，中國各地賽事密集，幾乎每週都會有跑馬比賽。也許有的跑友不想錯過和同伴們的每一場賽事，但那是不利身體的，也是不現實的。特別是全馬比賽，一個月最多參加一次。真想一月兩賽，可以選擇一次全馬，一次慢跑性質的半馬，或者報名參加 5 公里、10 公里，作為恢復性質的以賽代練。

chapter 7

遠離傷痛
BE AWAY FROM PAIN

沒時間去考慮傷病的痛苦，時間只夠跑步。

——本・洛格斯登

不要挑戰身體極限

很多初跑者會發生各種各樣的傷病，特別是膝蓋最容易發生問題。有的人在跑步剛開始的幾個星期就發生膝蓋傷痛問題了。那些沒有受過傷的跑者，比如村上春樹，真是讓人羨慕。可是只要你過多、過久地跑步，就有可能受傷。大多數跑者都會有一個受傷門檻，每個人的情況不一樣，可能是一週 10 公里，或者是 100 公里。業餘跑者不能過分追求每個月的跑量和速度，健康開心地跑才是最重要的。

有本書叫《不受傷，跑到 100 歲》，作者是美國前奧運隊田徑選手傑夫‧蓋洛威（Jeff Galloway），他以自己 50 年跑步生涯中連續 30 年沒有受傷的經歷告訴大家，跑步受傷其實都是自找的。跑步的真正目的是什麼？獎牌？朋友圈的炫耀？一次又一次的 PB（編按：個人最佳成績）？恐怕我們已經迷失

為了避免不必要的損傷，在跑步前必須做好相關的準備活動，這一點對於初跑者尤其重要。

在跑步的風花雪月中。跑步的首要關鍵都不是這些，是健康，是不受傷。

如果你受傷了，不要擔心，你依然可以在運動中恢復；如果你沒受傷，也請相信你會有機會的。理論上來說，只要你一直從事喜歡的體育運動，運動損傷如影隨形。受傷，是身體告訴我們運動方式需要改變啦！可能是力量不足、姿勢不對、運動過量，或者其他原因。發生傷痛後，熱愛跑步的人如果遇到一場大賽來臨，又實在不想放棄這次機會，有的人會想到打封閉（編按：對肌肉、關節、骨頭一些損傷進行的暫時注射療法）參加比賽。如果你不是專業運動員，不是非要為了團隊和國家的榮譽而比賽，那麼千萬不能這樣做。封閉療法，就是把強的松龍注射液和鹽酸普魯卡因混合注射到病變區，抑制炎症的同時進行局部麻醉。我在專業隊時，為了訓練和比賽，總是不想放棄，打了多次封閉，最終不得不含淚放棄自己的運動生涯。

很多人在平常跑步時，為了跑出一個好的平均配速，可以在朋友圈裡秀秀成績，一開始就選擇快跑；但是你知道嗎？你的身體還沒準備好，這樣很容易發生急性運動損傷。

開始跑步前，應該要先喚醒我們的身體，讓肌肉微微地發熱，韌帶舒展有彈性，關節自如地活動。所以一定要預先把關節活動開，從上至下，頭頸、肩膀、腰胯、膝蓋、腳踝，然後做向外的擺腿動作以及小步跑、高抬腿跑等，再開始慢跑幾分鐘；而拉伸動作一定要等肌肉發熱舒展開了再做。

無論是跑 5 公里還是 20 公里，提高耐力的匀速跑比較輕鬆，可是要想提高跑步速度，你得進行加速度和間歇跑等訓練。加量加速度時，也要放鬆你的跑姿，更不要和別人較勁地跑。

跑完以後，有人覺得慢跑一下等心跳恢復正常就可以了。這是遠遠不夠的，應該還要做整理運動，使肌肉、韌帶和關節得到放鬆，包括拉伸、倒走、捶打大小腿、順拉肌肉等。

跑者最常見損傷——膝蓋疼痛

膝蓋傷痛是跑步者最常見的損傷。跑步時，每次落地的衝擊力是跑者體重的 3～4 倍，當我們酣暢淋漓地奔跑時，膝關節在反覆進行曲伸，跑者默默承受著很大的負擔。跑步時關節的轉動由肌肉驅動，韌帶拉伸延展。在大腿骨與小腿骨之間有 2 片負責緩衝的組織叫半月板，還有關節囊負責分泌關節液。

跑步時，膝蓋工作就好比是一部機器，肌肉是發動機，韌帶是傳動帶，半月板是減震墊，關節囊是潤滑裝置。在落地時對力的緩衝不是由半月板獨自完成的，而是由肌肉、韌帶在瞬間的收縮、放鬆幫助下完成的。因此肌肉的強度越高，也就越有力，越不容易受傷。其中股四頭肌的作用毫無疑問是最直接最關鍵的，它的強壯就意味著膝蓋的強壯，跑完以後對股四頭肌的拉伸和按摩舒緩也相當重要。

除了肌肉力量，跑姿對膝蓋也有影響。專業運動員多採用前腳掌落地，腳踝的彈性可以降低緩和膝關節與地面的直接撞擊力，但是這對下肢力量、跟腱彈性和腳踝力量提出了很高的要求。業餘跑者大多數採用腳後跟落地的方式，落地時相當於一個急剎車，所以導致膝關節受傷的概率會高。

膝蓋的下方、兩側都容易出現疼痛。膝蓋下方的疼痛主要是當膝蓋繃直，收縮連接股四頭肌和脛骨的膝蓋韌帶時，過度拉伸引起的炎症所導致的。說到底，還是股四頭肌拉伸不到位，肌力不足，下肢力量無力負荷上半身的重量，使跑姿失去平衡而造成的。靠牆深蹲，是最基礎也是最有用的增強股四頭肌力量的鍛鍊方法。特別是剛開始跑步的人，一定要每天花那麼幾分鐘時間練練靠牆深蹲。

上海訓練營有位學員就有著不堪回首的痛苦經歷。他在剛開始跑步時壯志滿滿，要求自己每天增加 1 公里的跑量。從第一天 2 公里起，一週後增加到 8 公里，後果就是膝蓋嚴重疼痛，不得已進了上海華山醫院運動創傷科，雲南白藥、扶他林（編按：用來消炎緩解肌肉疼痛的藥膏）、白脈軟膏（編按：舒筋活絡用的藥膏）、黃道益一個勁往上抹，也無濟於事。為了以後能長久跑步，只好暫時停跑，上下樓梯也盡量坐電梯，每天靠牆深蹲，適當以快走代替跑步。

跑步時最好戴上護膝，能在一定程度上防止膝蓋損傷，天冷的時候，還可以為膝蓋保暖。

個人經驗就是一定要等完全不疼了，徹底痊癒才能開始跑步。

膝蓋外側的疼痛，主要是髂脛束與股骨的外側踝產生摩擦後引發的髂脛束症候群。膝蓋彎曲時，並不能完全吸收著地時的衝擊力，膝蓋外側的韌帶會繃緊，髂脛束受到摩擦就會引發疼痛。當我們增大跑量時，或者是 O 型腿的人都要注意髂脛束炎症。每次跑完，對於髂脛束的拉伸一定要確實，增強韌帶的柔韌性才能有效預防髂脛束疼痛。

膝蓋開始感覺到疼痛不適時，必須要減少跑量和強度。膝蓋疼痛如果超過 1 週，經過冰敷不能緩解時，就必須去醫院的運動傷科找專業醫生診治。

傷痛處理方法

急性軟組織損傷的處理──RICE

RICE，中國俗稱「大米療法」，不是真正的大米（編按：即白米）喔！而是休息（Rest）、冰敷（Ice）、壓迫（Compression）和抬高（Elevation）

的意思，是針對肌肉、韌帶和肌腱等軟組織拉傷或扭傷的一種有效處理方法，可以有效降低痛楚和腫脹的程度，每一個跑步者都應該了解。如果受傷嚴重，或者 48 小時以後傷痛沒有好轉，就要尋求專業醫治。

休息（Rest）

是為了防止傷勢進一步惡化。

冰敷（Ice）

是為了降低患處的痛楚，還能增加流往皮膚的血量，進而減少流往較深層組織或正在出血部位的血量。冰敷時冰袋宜放在患處 10 ～ 20 分鐘，注意時間不要太長，以防止被凍傷，可以每隔 2 小時左右重複冰敷。如果沒有冰袋，可以用塑膠袋裝冰塊加入水，敷時將毛巾墊在傷處。

壓迫（Compression）

是為了防止體液在患處積聚。可以用彈性繃帶包紮患處，但不要紮得太緊以免阻礙血液循環。

抬高（Elevation）

把患肢充分抬高，將體液引離受傷的組織。當你躺著休息時，可以墊高受傷的手部和腳踝。

選擇冰敷或熱敷？

大家都知道跑步傷痛後有冰敷和熱敷兩種方法。兩者的區別是什麼呢？什麼時候應該冰敷，什麼時候要熱敷呢？

腳踝等急性扭傷時，在 48 ～ 72 小時內用冰敷可以有效遏制傷勢的惡化，緩解疼痛，切忌進行熱敷。所以跑步後，特別是比賽後，一定要用冰水或冷水沖洗浸泡腿腳。

慢性的損傷可以熱敷處理，增進血液循環，特別是關節、肌肉的反覆緊張和疼痛等，也不用什麼高技術的東西，一塊熱毛巾就行，簡單方便。

網球按摩

離開網球場的網球，對於跑步者來說是很好的肌肉按摩工具，幾乎適用於所有的肌肉痛點。當然了，像大腿等痛點面積大的地方，用泡沫軸（編按：一種滾筒式的健身器材，常用在運動後放鬆肌肉或力量訓練。）會更適用。

對於足底筋膜炎，網球絕對是對腳底按摩的首選。把球放在腳底，站著、坐著都可以，自行控制好力度，一天做個三五次，一次做 5 分鐘。

脛前肌痠痛是跑步新手最常見的傷痛，而且這個部位不易拉伸。除了用手順著脛骨按摩外，利用腿的重量來用網球按摩，可以有效放鬆該部位。

小腿肌肉痠痛，特別是跟腱上方五指的位置，以及膝關節下方十指距離的外側，經過長期跑步或者一場高強度的訓練和比賽後，會感到特別緊繃的痠痛感。除了用手捏之外，用網球來按摩痛點也很有效。

具體的傷痛治療法

肌肉痠痛

不只是跑步，我們偶爾去爬黃山或是泰山，第二天腿部肌肉也會痠痛無比。如果是參加完一次高強度的馬拉松比賽，更是痠痛得讓你提不起腿。

肌肉痠痛有兩種情況，一是因乳酸堆積的代謝物沒有排出而造成的；二是肌肉延遲性痠痛。延遲性的肌肉痠痛通常會在第二天出現，因為肌肉有細微撕裂，蛋白質分解了並且正在恢復期。如果你久不鍛鍊或者跑量增加，或比賽很拚，延遲性肌肉痠痛就會更厲害。最主要的治理就是休息按摩，不一定要吃消炎藥。

脛骨疼痛

新手跑步跑了一段時間會有脛骨痛的情況，主要症狀是沿小腿內側有隱痛或痠痛；但是在跑步中的肌肉放鬆狀態下感覺不到疼痛，只有在走路或爬樓梯

使脛骨受力時才會有疼痛感。

因為我們平常跑步都是硬質路面，鞋子有時一開始也可能緩衝不夠，導致腳落地太重。單次跑量不要太大，落地時重心要落在腳前掌，再過渡到全腳掌，這樣可以提高緩衝力。

輕微疼痛時也不必停止跑步，但是要減少跑量、降低強度，避免下坡跑。疼痛加劇時，則要停止跑步，可以服用 5～7 天的布洛芬（編按：一種抗發炎止痛藥）、扶他林等非類固醇消炎藥。冰敷可以緩解炎症。注意拉伸腓腸肌和比目魚肌。

經過一段時間的跑步，當脛前肌力增強後，就不再會受其折磨了。

水泡

跑步後如果腳上起了幾個大水泡，真是讓人觸目驚心，跑步過程中不堪的痛苦也非常人可以體會，如此似乎也談不上什麼跑步的樂趣了。起水泡的原因很簡單，就是皮膚長時間和鞋子、襪子一起強烈摩擦所導致的。因此要防止長水泡，跑鞋和襪子的選擇很重要。

跑鞋必須要合腳，不能太大，也不能太小，太大和太小都會導致足部和鞋的摩擦加劇。襪子不要選擇摩擦係數很大的棉襪和絲襪，何況棉襪還不排汗，更容易導致足部溫度過高而導致長水泡。最好選穿專業跑步襪，雖然一雙價錢可抵幾雙普通襪，但是也耐穿得很，關鍵是腳不易起水泡啊！

如果某部位經常出現水泡，可以事先塗抹一些凡士林或者滑石粉。

起了水泡，就要挑破它。用消毒過的針將其挑破，擠出液體。有醫務用品的話，可以塗一些碘酒，或者貼上 OK 繃。

肌肉拉傷

腿部肌肉的拉傷，多發生在無意識的突然加速，或者動作錯誤時。在進行強度大的衝刺跑和加速跑之前，充分做好準備活動，由慢到快地均勻加速跑2000 公尺，然後進行柔韌性拉伸。

一旦發生肌肉拉傷，第一時間就是冰敷 30 分鐘，然後每隔 2 小時冰敷 20

分鐘。一天要冰敷 3 ～ 4 次，持續 2 ～ 3 天。在拉傷後的頭 3 天內不要熱敷和按摩，接著進行物理性治療，一般 10 天左右可以痊癒。

腳踝扭傷

大部分的腳踝扭傷都是意外傷，可能是踩到一顆小石頭或一個泥坑，或者打籃球、打羽毛球時不小心扭到了。一般為扭到腳的情況居多，如果是韌帶撕裂就比較嚴重了。

腳踝受傷後內翻或外翻會感到刺痛，一個部位會有疼痛感並腫起來。腳踝受傷後，要按 RICE 的原則進行護理。回家後立即冰敷，可以買瓶冰鎮礦泉水，找個塑膠袋簡單的冰敷。休息一到兩週，盡量不要活動腳踝。

如果自己覺得恢復了，跑個 10 公里左右又不舒服，腳踏地就會痛，可能是筋膜沾黏了，需要按摩處理，時間可能要一個月。

抽筋

肌肉長時間連續快速收縮導致疲勞時容易抽筋。夏天出汗多，鈉、鈣、鎂等排出較多，也會導致抽筋。若冬天準備活動不夠充分，肌肉受寒冷刺激同樣會導致抽筋。

小腿後面發生抽筋時，立刻停止運動，伸直膝關節，扳起腳面足尖，另一個方法是請旁人幫你壓住腳尖向前推，或者利用牆壁來完成該動作。

跟腱肌腱炎

如果足跟部上方內部出現痠痛、壓痛、僵硬等，活動後會加劇，這就是跟腱肌腱炎。在跑步過程中，當你的小腿肌肉過度緊張或疲勞，導致跑步中產生的負擔轉嫁到跟腱上，當強度過大時就可能引發跟腱肌腱炎。

停止跑步 5 ～ 7 天，用布洛芬、扶他林等治療，冰敷可以緩解炎症。關鍵還是要加強跟腱的力量，多做提踵練習。每次訓練完後要對腓腸肌（膝蓋伸直）和比目魚肌（膝蓋彎曲）拉伸。

足底筋膜炎

專業的說法叫蹠腱膜上引發的炎症，實則就是足底的肌肉組織長時間超負荷運動引發局部肌肉勞損，導致足底局部疼痛。最明顯的症狀是中底足跟處的劇烈疼痛。

當你在休息了一晚上，清晨起來走第一步，或者想跑步，突然覺得足底疼痛，你很不幸運，遇上了足底筋膜炎這個痛苦的劫難。雖然說拉伸、按摩、熱敷、冰敷、休息等可以緩解，但是它可能又會復發。誘因有多種，比如蹠腱受到外力長時間衝擊或擠壓，跑姿嚴重內翻，高足弓，更多的是訓練過度。其根本還是在於足底的肌肉和肌腱過於孱弱，必須進行足底強化訓練。

當你覺得足底足跟非常疼痛時，要停止跑步，並在蹠腱膜周圍進行冰敷，每 2 小時冰敷 10 分鐘。有個取巧的辦法是用礦泉水瓶灌滿水後冰凍，然後壓在腳底滾動。

加強鍛鍊的方法有提踵、滾網球和抓毛巾。

在原地或臺階上進行提踵，原地提踵還可以單腿練習，以增加負重效果。這個練習可以強化跟腱和小腿肌群。

腳底滾網球，不要用過硬的高爾夫球。赤足站立，腳趾下壓，足弓收縮，可以強化足底肌肉。

以腳趾抓毛巾往上提，停住幾秒後再慢慢放下，可以強化趾屈肌，加強足底力量。

中暑

夏日炎炎，執著的你如果還在堅持跑步，就一定要注意中暑的問題。還記得那個悲傷故事嗎？ 2014 年 6 月 2 日，成都一位跑者在中午 32℃的氣溫下出門跑步，然而這一次高溫下的奔跑，他卻再也沒有回到家門。臨床診斷為熱射病，重症中暑，最終因多重器官衰竭而回天乏力。

酷熱天氣下跑步，如果濕度又高，汗水黏在身上揮發不暢，熱量積存在體內就很容易發生中暑。皮膚會變得乾燥、又熱又紅，脈搏強而有力，體溫可能

會高過 40℃。

　　中暑者的急救，關鍵要迅速降低體溫，移到通風陰涼的地方，脫去全部上衣，吹涼風，噴涼水；但不能用冰水，以防低血壓和寒顫併發症。當跑者有精神恍惚甚至昏迷時，要及時送醫救治，千萬不能耽擱。

腹痛

　　跑步時發生的腹痛，一種情況是突然加速引起胃腸平滑肌痙攣和牽扯腸繫膜所致。如果腸道中有糞便未排盡，也會受運動顛簸刺激腸道和附近臟器而導致腹痛，所以跑步前一定要排空。跑步過程中補水不能一次補充太多，如果長距離跑後你覺得好想喝水，一口氣喝了一瓶飲料，很可能就會發生腹痛。如果你過度緊張、呼吸不均勻、動作不協調等也會引起腹痛。

　　腹痛時，要放慢配速或慢走，用拇指頂住疼痛部位，深呼吸大吐氣。如果痛得厲害，要停止運動。

岔氣

　　岔氣（編按：又稱運動急性胸肋痛），是在肋骨下方出現刺痛，右側比較多見。當你跑步時，隔膜或內臟受到了一定的衝擊，當呼吸節奏被打亂時就容易岔氣。

　　預防岔氣，一定要做好充分的準備活動，再開始要慢跑。岔氣後速度一定要慢下來，或者就走走，但是不能停下來。調整你的呼吸，把身體側向另一方拉伸。一般過 5 分鐘左右會有好轉。

後記

全馬跑進345——
讓你淚流滿面的馬拉松精神

寫這篇後記時，我剛剛跑完 3 月 16 日無錫馬拉松，小腿和大腿還在痠痛中。我完成了自己的目標：全馬跑進 345（編按：即 3 小時 45 分）。無錫太湖邊上，草長鶯飛二月天，拂堤楊柳醉春煙，粉紅的櫻花在江南迷濛的晨霧中散落在跑道上。在 30,000 多名奔跑的人海中，我終於跑出了 PB（編按：指個人最佳成績）。

去年那個賽後，網上一片 SB（編按：Season Best，指賽季最好成績）之爭的北馬，在霧霾爆表下，我居然還是想衝刺 345，終因僅僅跑步 9 個月才 1600 公里的跑量，在 35 公里後進入奧森公園就大腿抽筋而跑崩了，成績僅為 4:11:23。

我的無錫馬拉松官方淨成績為 3:45:00（編按：淨成績指從起跑線到終點線的實際跑步成績），秒數讀 0，讓我分外感慨。在最後的 300 公尺，心裡非常著急，要是進不了 3 小時 45 分，從去年 11 月雅典馬拉松回來後四個月內白天黑夜的訓練真是白費了，會讓我懊惱一陣，遺憾一年。也不知哪裡來的精力，看著終點，提腿開始加速衝刺，原本配速已經掉到了 539，最後過線時居然到了 400。最後關頭的不氣餒、不放棄，終於圓了自己一年來的跑馬夢想。

全馬跑進 345，這也是上海馬拉松開啟特別報名通道的精英成績線。

在上海的跑步圈裡，膩稱「不空關門兔」的就是我，江湖人稱「不空大師」，還有些人叫我「兔哥」。我的工作主業是化工塗料。跑步之前，我的業

餘愛好是在野外拍攝古建築和石刻佛像。混在野外調查這個圈子裡時，借用了唐朝高僧「不空」法號作為網名。

真正開始跑步以後

我真正開始跑步是在 2013 年 12 月 3 日，上海馬拉松後的第二天。那天霧霾嚴重，空氣品質指數（AQI）307，PM2.5 高達 252。渾然不知的我，穿著一雙登山越野鞋，開始了跑步生涯。然而，對跑步沒有敬畏只有激情而在柏油路上瞎跑的我，一個星期後就跑傷了右膝。醫院運動傷科的專家診斷為鵝足肌腱炎，隨後是長達一個半月的治療恢復。

都説人天生會跑，但跑步顯然不是那麼簡單任性的一件事。當你加入跑步的隊伍，突然就會發現身邊有那麼多人因跑步而膝蓋受傷，從此畏之如虎。有人退縮了，有人猶豫了，有人還在堅持，有人真的就殘廢了。

很多跑馬的人說，跑步時，要聽從自己身體的聲音，這是多麼的飄渺啊！一如太湖水煙波浩渺，廬山雲霧無法捉摸。但當你真正受過傷，才明白原來身體早就提示過你，只是很多時候為自己的雄心和別人的謬讚所誤導了，真以為自己一開始就有多麼強壯的身體。

重新開始跑步，已經是 2014 年的 1 月底，公司在無錫太湖邊開年會。沐浴著西下太陽的餘暉，太湖的習習涼風迎面而來，寬廣的柏油路幾無車輛行人。這一次的 5 公里跑了 32 分 15 秒，每公里配速將近 630；雖然氣喘吁吁，但是，這已經是當時最好的水準了。

隨後我加入了吳敏健康跑特訓營，3 個月後，在揚州鑒真國際半程馬拉松跑出 145 的成績，全程配速 450。直到 14 個月後，也就是這次無錫馬拉松跑進 345，全程配速 520。而在此成績的背後，我的個人經驗是，對於業餘跑者

來說，跑步一定要科學，要有目標、要循序漸進。跑步要用心，要邊跑邊總結。

第 1 個目標是 5 公里，然後強化你的 5 公里速度跑進 30 分鐘、25 分鐘；

第 2 個目標是 10 公里，然後強化你的 10 公里速度跑進 55 分鐘、50 分鐘；

第 3 個目標是半程馬拉松，跑進 2 小時，覺得自己有能力就跑進 145，再挑戰 130；

第 4 個目標是全程馬拉松，按自己的能力設定 5 小時、4 小時，以及 345 甚至比 330 更快的目標。

你可能還會想著，我是不是該去挑戰 50 公里、100 公里的越野賽？那得付出更多的努力和時間，並不是我的目標。全馬跑進 340 是我最實際的想法，從此跑步到終老。正如村上春樹所說：「我至少跑到了最後。」

我和我的跑友們

這些年，我和我的朋友們跑遍了中國幾十場的馬拉松，還跑到國外去參賽。是什麼讓我們這麼瘋狂坐飛機、坐高鐵去跑一場又累又苦的馬拉松？跑馬究竟給予了我們什麼？意識是信念的根本，愛一件事必須窮盡自己的可能。人生也是如此，許多時候我們自認已經很努力，實則仍然不夠。

JillGuo，一個在上海張江高科技園區工作的美麗女孩，奔跑對她來說，可以結識新朋友，為自己帶來無數感知！有些人的溫度可以燃燒他人，有些人的溫度可以為自己取暖，還有些人的溫度你一輩子都感覺不到。面對未來，那些一程又一程的遠方還在等待著她！這是精神的遠征，寧願付出巨大的代價，也不肯妥協！漫長的等待，渴望人生芳華的一瞬間開啟！

廈門國際馬拉松，2014 年 1 月 2 日，胡亞堃 KK，在上海玩鐵人三項的帥哥，來到了這場人山人海的賽事中，跑出了 3 小時 58 分的成績，而一年之

後的 2015 年廈馬他跑進了 3 小時 30 分。對他來說，馬拉松不是用來擔心的，是用來跑的，發令槍一響，所有的擔心和恐慌都會在賽前一刻消失。

我身邊跑馬最瘋狂的朋友可能是 Vera，一個瘦小的唐山姑娘，半馬對她來說是從來不考慮的，就跑全馬。她只是很多在上海打拚事業、打拚人生，普普通通的「白骨精」（編按：用作白領、骨幹、精英的總稱）之一。她曾經寫過一篇文章〈向死而生──我的 4 月全馬之路〉。當她想開始跑步、跑馬拉松時，就想在最短的時間內完成它，她在跑步 3 個月後就在 1 年內連續跑了 8 個全程馬拉松。

體會跑馬拉松的真正意義

跑馬的人，每一個都有自己精彩的人生故事。我和我的朋友們一起訓練，一起分享快樂，一起承擔痛苦，在跑馬路上風雨同行，在人生路上相互鼓勵。想起去年跑馬征途中，朋友圈瘋傳的一張圖片，兩個好友，一個在掙扎猶豫，一個則攙扶陪伴。這就是我所在的吳敏健康跑特訓營，想要放棄的鋒兄和鼓勵他堅持的副班長鵬哥之間的故事，堅持跑完的精神，遠重於刷 PB 的意義。

2014 年 11 月 9 日，我和訓練營 34 名成員，到雅典去跑了一場馬拉松，這是每一個跑馬者心中的夢想。這是一場朝聖之旅，是向一種不屈無懼的精神去致敬的。

路上遇一位光腳、全副希臘武士打扮的 80 多歲老爺爺，手執利劍與盾牌一路向前，延續著古希臘武士擊敗波斯入侵者的精神。來自上海「吃好順便跑個馬」跑團的晶晶姑娘，在出發時摔倒，雙膝受傷，她說 2500 年前的斐里庇得斯從馬拉松起跑倒在了終點，2500 年後的小晶晶倒在起點，卻站起來跑完了全程。

一路上能看到有些跑者的衣服背面用英文寫著為抗血癌而跑，為拯救兒童而跑，為了下一個馬拉松而跑……，還有一位老太太背著她去世的老公照片在跑，這背後又有著什麼樣的故事呢？沿途觀眾不絕於耳的「bravo」加油聲，讓我忘卻了在 25 公里開始疼痛的右膝，無視隨時等我上去的收容車，瘸著拐著跑到了終點，我用隨身帶著的相機拍下晶晶衝過終點的鏡頭畫面，獨自走開，眼淚卻不爭氣地奪眶而出。

　　超越自我的磨難，每個跑者只能自己體會。每一次絕望，每一個不放棄，都是一個自我的重生。肆虐的跑馬，讓你的人生再也不會怨天尤人，再也不會輕言放棄，再也不怕艱難困苦。

幫助熱愛跑步的人，是我們想做的事

　　寫這本書，是我和吳敏討論了很久的事情。由她提供大量文字和圖片素材，我參閱了國內外幾十本關於跑步的書刊，最終彙聚而成。我們想要做的是盡可能地幫助熱愛跑步的人，提供專業的跑步知識，以及跑步過程中點點滴滴的心理變化。所以，這並不僅僅是一本跑步的書。

　　在跑步的過程中，我聽聞了太多太多的感人故事，認識了各色人等，有大公司總裁、小公司創業者、高級白領、底層務工者、律師、小說翻譯家、公務員、學生等等。不同的人和我一樣在奔跑，唯一相同的就是，大家都有堅定的信念，大家都在傳遞著人生的正能量。

　　無錫馬拉松跑完後，訓練營的阿米圖很快地寄來一張跑馬的明信片，標注在無錫櫻花初放的馬拉松賽上，我參賽號 3353 的完賽成績 3:45:00。並引用我的一些文字再贈送給我，很讓我感動：「兔哥好讚！人到中年，諸多煩惱，只有奔跑，可以讓我昂起不屈不撓的鬥志，只有奔跑，才能讓我超越別人！」

　　特別感謝開始跑步以來，一直默默支持我跑步的妻兒，我的教練吳敏，上海「眾馬奔騰」跑團的成員，以及全國各地認識和不認識的在很多賽道上一起奔跑過的兄弟姐妹們。

　　只有一起跑過馬拉松的朋友們，才能懂得跑贏人生的真正意義。那段42.195公里，並不是不可征服，只要你邁出第一步，就會到達終點。跑步吧，跑馬拉松吧！在你的跑馬路上，總會有一種力量，讓你淚流滿面；總有一種精神，讓你淚流滿面；總有一種堅持，讓你淚流滿面；總有一個馬拉松，讓你淚流滿面；總有一個馬拉松，讓你跑贏人生！

劉新

附錄1

 常見食物營養成分列表

食物種類	食物名稱	總能量 （卡）	蛋白質 （公克）	脂肪 （公克）	碳水化合物 （公克）
主食	米飯	116	2.6	0.3	25.9
	饅頭	223	7	1.1	47
	麵包	312	8.3	5.1	58.6
	麵條	286	8.3	0.7	61.9
肉類	豬肉（肥瘦）	395	13.2	37	2.4
	牛肉（瘦）	106	20.2	2.3	1.2
	雞胸肉	133	19.4	5	2.5
蛋類	雞蛋	147	12.8	10.1	1.4
水產品	草魚	113	16.6	5.2	0
	河蝦	87	16.4	2.4	0
奶類 豆類製品	牛奶	54	3	3.2	3.4
	優酪乳	72	2.5	2.7	9.3
	乳酪	328	25.7	23.5	3.5
	豆腐	82	8.1	3.7	4.2
	豆漿	16	1.8	0.7	1.1

（續表）

食物種類	食物名稱	總能量 （卡）	蛋白質 （公克）	脂肪 （公克）	碳水化合物 （公克）
蔬菜	黃瓜	16	0.8	0.2	2.9
	番茄	20	0.9	0.2	4
	蘑菇	20	2.7	0.1	4.1
	胡蘿蔔	46	1.4	0.2	10.2
	馬鈴薯	77	2	0.2	17.2
水果	蘋果	54	0.2	0.2	13.5
	柑橘	51	0.7	0.2	11.9
	香蕉	93	1.4	0.2	22
	葡萄	44	0.5	0.2	10.3
	奇異果	65	1.5	0.1	16

附錄2

世界馬拉松6大滿貫賽事

熱愛跑馬的你，當你跑過自己國家舉辦的諸多賽事後，是否會萌生「世界這麼大，我想去跑跑」的想法？順便以跑馬的理由看看世界。那你一定不能錯過馬拉松的 6 大滿貫賽事。至今跑完這 6 大滿貫的中國人也不過十多人而已，中國跑馬達人毛大慶是其中之一。

波士頓馬拉松

美國的波士頓，是一座「與上帝之間存在著特別的契約」的城市，作為美利堅合眾國成立的搖籃，承載著自那個時代就一脈相承的冒險、勇氣、信仰、智慧與開創精神。

始於 1897 年 4 月 19 日的美國波士頓馬拉松，是僅次於希臘雅典馬拉松最古老的馬拉松賽事，也是全球首個城市馬拉松比賽。第一屆只有 15 位跑者參加，而 2015 年第 119 屆參賽人數達到了 30,000 名。

很多跑馬人心中都有一個去波士頓的夢想，但是你的全程馬拉松成績達到BQ（Boston Qualified，即波士頓馬拉松速度門檻）了嗎？看看下頁這張表，再看看自己離報名資格還差多少分鐘，如果你不能跑進 3 小時 55 分，那 60 歲以後再考慮吧！不過，2015 年初的「朱諾」（Juno）暴風雪後，為波士頓馬拉松終點線掃雪的男子克里斯・勞達尼（Chris Laudani）獲得了組委會的波士頓馬拉松名額。你是不是也想去掃雪了呢？

報名波士頓馬拉松全馬速度門檻

年齡組	男子組	女子組
18～34歲	3:05:00	3:35:00
35～39歲	3:10:00	3:40:00
40～44歲	3:15:00	3:45:00
45～49歲	3:25:00	3:55:00
50～54歲	3:30:00	3:55:00
55～59歲	3:40:00	4:10:00
60～64歲	3:55:00	4:25:00
65～69歲	4:10:00	4:40:00
70～74歲	4:25:00	4:55:00
75～79歲	4:40:00	5:10:00
80歲以上	4:55:00	5:25:00

東京馬拉松

　　日本的東京馬拉松，是6大滿貫賽中最年輕的賽事，始辦於2007年2月。

　　全程賽事途經東京中心的名勝如皇宮前、銀座、淺草等。最讓人興奮的是沿途有200萬觀眾為你鼓勵應援，他們會自發地表演，拿出自己家中的食物、飲料給參賽選手。關門時間長達7個小時，可以讓跑者有勇氣報名參加全程比賽。東京馬拉松也是世界上最安全的頂級馬拉松賽事，參加人數累計超過20萬人次，從未有跑者意外死亡。

　　東京馬拉松也像是化妝舞會，以至於讓人覺得這根本不是一場馬拉松，而是一場 Cosplay（編按：角色扮演）。讓人印象最深的是一位扮成耶穌的跑者，背著十字架，袒胸赤腳跑完全程，是參賽這些年以來一抹最為獨特的風景。

東京馬拉松的參賽資格是抽籤制，每年超過 300 萬人註冊，最終中籤率低於 10%；但是外國人的中籤率高於 50%，我身邊的朋友只要報名，好像都中籤了，有機會的話你一定要去試試。

柏林馬拉松

德國的柏林馬拉松始於 1974 年，於每年 9 月最後一個週末舉行，也是世界紀錄頻繁誕生的地方。這裡的賽道平坦、寬敞，相對筆直，被稱為世界上最快的賽道。2014 年 9 月 27 日，肯亞選手丹尼斯・基梅托（Dennis Kimetto）以 2 小時 2 分 57 秒創下了新的紀錄。女子世界紀錄則仍然是 2005 年日本選手野口水木跑出的 2 小時 19 分 12 秒。

柏林馬拉松熱鬧而厚重，一場馬拉松就如同一場 20 世紀的歷史回顧之旅。你會跑過前東柏林嚴肅整齊的大廈，以及西柏林現代、高科技、充滿商業色彩的樓房，穿過原來連接東、西柏林的布蘭登堡門，然後再往前跑 300 公尺衝過終點。

倫敦馬拉松

英國倫敦馬拉松誕生於 1981 年，是一場以慈善目的為主的馬拉松。從創辦至今已經募集到近 6 億英鎊的善款，每年有三分之一的跑者是為慈善而跑。倫敦馬拉松的中籤率很低，特別是給海外選手的名額很少，能否拿到入場券，是要碰運氣的。

倫敦馬拉松從位於倫敦西南的格林尼治公園出發，經過國會大廈和白金漢宮，跑過倫敦大橋，抵達靠近聖鐘斯公園的終點，一路上可以欣賞到許多著名的歷史名勝。

芝加哥馬拉松

　　美國芝加哥馬拉松的起點和終點都在密西根湖畔的格蘭特公園，這條路線充分展示了芝加哥的迷人之處，從市中心的摩天大樓到不同種族的聚居區。賽道平坦寬闊，環形跑道風格獨特。

　　你可以透過報名抽籤，或者經由慈善方式獲得資格。如果男子成績優於 3 小時 15 分，女子成績優於 3 小時 45 分，可以優先獲得參賽資格。

紐約馬拉松

　　美國紐約馬拉松創辦於 1970 年，當時的報名費是 1 美元；2015 年的抽籤費用是 11 美元，抽中後美國選手的報名費是 255 美元，海外選手 347 美元。不過你要是奪冠，除了獎金外，還加送一部賓士車喔！ 20 世紀 80 年代，挪威長跑女將格蕾特‧華特茲（Grete Waitz）共 9 次在紐約奪冠，是馬拉松歷史上奪冠次數最多的人。

　　紐約馬拉松起點位於通於史泰登島的韋拉札諾海峽大橋（the Verrazano-Narrows Bridge），你要穿過大橋，跑過紐約的 5 個城區，抵達中央公園，這是一條絕美的紐約節日文化之旅。

附錄3

台灣的馬拉松賽事

　　近幾年，台灣有更多的年輕人開始熱衷「跑馬」，以下精選幾個較具代表性及特色的馬拉松賽事，供讀者參考。

萬金石馬拉松

　　前身為 2003 年創辦的「金山馬拉松」，歷經五年後將賽事區域擴展為新北市的萬里、金山、石門，因此取名作「萬金石馬拉松」，是台灣唯一獲得國際田徑總會（IAAF）銅標認證的馬拉松賽事，也是得到國際馬拉松路跑協會（AIMS）認證的台灣賽事之一。每年於 3 月的第四個週日舉辦，吸引國內國外眾多跑友爭相報名參賽。沿途的北海岸美景，充足的補給，還有當地居民以融入萬里蟹、女王頭等特色物產的裝扮為跑者歡呼打氣，頗受跑友們青睞。

臺北馬拉松

　　自 1986 年創辦，臺北馬拉松屬於國際馬拉松路跑協會（AIMS）認證賽事，於每年 12 月中旬舉辦，報名採登記抽籤制。在首都臺北這樣的城市中舉辦馬拉松不是一件簡單的事，交通管制、路線安排皆需要費盡心思，像是起點、終點設在不同處，以減少道路封閉時間，而臺北馬拉松一年比一年辦得更好，是許多都市路跑型跑者年年選擇參賽的重要賽事。

日月潭環湖馬拉松

　　曾被 CNN 評選為全世界十大最美自行車道的日月潭環湖公路，每年大約在 11 月中旬時，日月潭環湖馬拉松便會在這條美麗公路上舉行。伴著碧綠水色的日月潭，欣賞湖光風景以及豐富的生態環境，許多跑友跑過直呼難忘。

田中馬拉松

位在彰化縣的田中是以農業著名的小鎮，每年大約在 11 月舉辦的田中馬拉松邀請跑友們跑在綠色田野間，欣賞金黃稻穗，感受優閒慢活的小鎮風情。絕大部分參加過的跑友都對這裡留下深刻印象，除了沿途豐富的補給品、在地鄉親熱情的加油聲，邊跑邊玩，田中鎮村民總動員的向心力也令人感動。不僅每年吸引上萬名跑者參賽，常常一開放報名就被秒殺，2016 年後也已經改為登記抽籤制，並且開放外國跑者報名參賽。

高雄國際馬拉松

每年大約在 2 月中旬舉辦的高雄國際馬拉松，有別於以往南台灣的炎熱，跑起來涼爽舒適。賽道行經大高雄的精華地段，以世運大道為起點、高雄國家體育場為終點，依組別分成不同路線，沿途經過高雄巨蛋、愛河之心、捷運美麗島站和中央公園站、中都濕地、蓮池潭、蚵仔寮漁港等景點與地標。報名人數年年爬升，眾多國內外跑者一同參與，感受屬於南台灣的熱情活力。

太魯閣峽谷馬拉松

位在花蓮縣的太魯閣峽谷馬拉松於每年 11 月舉辦，報名採登記抽籤制。太魯閣擁有鬼斧神工的天然美景，絕美的峽谷峭壁讓跑者流連忘返。賽道途經長春祠、九曲洞、一線天等知名景點，跑在大自然自成的美麗山林之中，令人忘卻煩憂、沉澱心靈，這裡也被許多跑友評為畢生一定要跑過的台灣馬拉松賽事之一。

從零開始
跑出自我

國際馬拉松冠軍專業分享，
帶你跑出不一樣的人生

SAN YAU
http://www.ju-zi.com.tw

三友圖書
友直 友諒 友多聞

國家圖書館出版品預行編目 (CIP) 資料

從零開始，跑出自我：國際馬拉松冠軍專業分享，帶你跑出不一樣的人生 / 吳敏、劉新著. --初版 . -- 臺北市：四塊玉文創 , 2017.06
面； 公分

ISBN 978-986-94592-8-0（平裝）

1. 賽跑 2. 運動訓練
528.946   106008458

作　　　者	吳敏、劉新
編　　　輯	鄭婷尹
美 術 設 計	曹文甄
校　　　對	鄭婷尹、吳嘉芬
發　行　人	程顯灝
總　編　輯	呂增娣
主　　　編	翁瑞祐、羅德禎
編　　　輯	鄭婷尹、吳嘉芬
美 術 主 編	劉錦堂
美 術 編 輯	曹文甄
行 銷 總 監	呂增慧
資 深 行 銷	謝儀方
行 銷 企 劃	李昀
發　行　部	侯莉莉
財　務　部	許麗娟、陳美齡
印　　　務	許丁財
出　版　者	四塊玉文創有限公司
總　代　理	三友圖書有限公司
地　　　址	106台北市安和路2段213號4樓
電　　　話	(02) 2377-4155
傳　　　真	(02) 2377-4355
E - m a i l	service@sanyau.com.tw
郵 政 劃 撥	05844889 三友圖書有限公司
總　經　銷	大和書報圖書股份有限公司
地　　　址	新北市新莊區五工五路2號
電　　　話	(02) 8990-2588
傳　　　真	(02) 2299-7900
製 版 印 刷	卡樂彩色製版印刷有限公司
初　　　版	2017年06月
定　　　價	新台幣320元
I S B N	978-986-94592-8-0（平裝）

◎版權所有 · 翻印必究

本書簡體版書名是《跑贏人生》
本書繁體版由中國輕工業出版社獨家授權出版和發行。
版權經理林淑玲 lynn1971@126.com

RUN
FORWARD